격려의 샘

하나님이 가라사대

힘내라 힘내

박형용 편저

And God Said,

"Cheer up, Son."

Hyung Yong-Park

격려의 샘

하나님이 가라사대

힘내라 힘내

박형용 편저

각박한 세상에서 잠시나마
삶의 여유와 웃음을 찾을 수 있는
이야기들이 여기에 박혀 있다.

이 책에 담긴 이야기들은
읽는 사람을 긍정적으로 생각하게 하고,
지혜롭게 하고, 활기 있는 삶을 살게 만든다.

스트레스 해소에 가장 좋은 약이 웃음이라고 한다.

저자의 말

금번에 "하나님이 가라사대" 시리즈로 『하나님이 가라사대, 힘내라 힘내』를 내 놓는다. 세상의 이곳저곳을 둘러봐도 격려받을 만한 일들이 그렇게 많지 않다. 가짜 박사 사건이나 웃는 얼굴로 사기극을 벌이는 일이나 헌신짝 버리듯 신의를 저버리는 이런 모든 일들은 우리의 마음을 슬프게 하고 삶을 메마르게 만든다. 사실은 하나님 없는 세상에서 진정한 기쁨의 일들을 기대하기란 무리일 것이다. 요즈음 학생들은 학생대로, 젊은이는 젊은이대로, 나이 드신 어른들은 어른대로 모두 풀이 죽어 있는 상황이다.

그래서 『힘내라 힘내』를 펴내게 되었다. 이 책에는 감동의 이야기, 행복의 이야기, 지혜의 이야기, 재치의 이야기, 정보의 이야기, 그리고 무엇보다도 웃음의 이야기가 담겨 있다. 각박한 세상에서 잠시나마 삶의 여유와 웃음을 찾을 수 있는 이야기들이 여기에 박혀 있다. 이 책에 담긴 이야기들은 읽는 사람을 긍정적으로 생각하게 하고, 지혜롭게 하고, 활기 있는 삶을 살게 만든다. 스트레스 해소에 가장 좋은 약이 웃음이라고 한다.

편저자의 소망은 이 책을 읽는 사람들이 잠시 동안만이라도 얼굴에 웃음꽃을 피우고, 마음에 여유를 갖게 하는 것이다. 나는 이 책을 만들면서 많이 웃었고, 삶을 주신 하나님께 많이 감사했다. 독자들도 같은 기쁨과 감사와 웃음을 회복하실 수 있기를 소원한다.

편저자 박 형 용

목차

2부 행복의 이야기

4부 웃음의 이야기

5부 재치의 이야기

6부 정보의 이야기

1부

감동의 이야기

걱정거리 나무

나는 낙후된 한 농가를 수리하기 위해 배관공을 채용
하여 그의 도움을 받기로 했습니다. 그런데 그가 일을
맡은 첫 날에 타이어 펑크가 나서 한 시간의 작업 시간
을 낭비했고, 전기로 작동하는 그의 드릴이 고장이 났
고, 또 그의 1톤짜리 고물 트럭이 시동이 걸리지 않아 힘
든 하루를 보내고 하루의 일을 마쳤습니다. 내가 그를
그의 집에 데려다 줄 때 그는 묵묵히 앉아 있기만 했습
니다. 그의 집에 도착했을 때 그는 자기 가족을 만나고
가라고 나를 집 안으로 초대했습니다. 우리가 집 정문
에 들어설 무렵 그는 잠시 집 앞에 있는 작은 나무 옆에
멈추어 서서 두 손으로 나무의 잎사귀를 만지작거렸습
니다. 그리고 그가 집 문을 열 때 그의 모습은 확 바뀌었
습니다. 햇볕에 탄 얼굴은 웃음으로 가득했고 두 어린
자녀를 두 팔로 껴안고 자기 아내에게 키스를 했습니

다. 잠시 후 그는 나를 차 있는 곳까지 배웅해 주었습니다. 집 앞에 있는 나무를 지나칠 때 나의 의구심이 발동했습니다. 그래서 나는 우리가 집에 들어갈 때 나무 옆에서 그가 했던 행동이 무슨 뜻이냐고 물었습니다. 그는 이렇게 대답했습니다. "오, 그 나무는 나의 '걱정거리 나무'입니다. 나는 내가 일을 할 때 걱정거리를 피할 수 없다는 것을 압니다. 그러나 한 가지 확실한 것은 그런 걱정거리라도 아내와 자녀들이 있는 집과는 상관이 없다는 것입니다. 그래서 나는 매일 저녁 집에 들어올 때 걱정거리들을 저 나무 위에 걸어 놓고, 하나님께 부탁한 후 집에 들어갑니다. 그리고 아침이 되면 나는 나무에서 걱정거리들을 다시 찾습니다." 이렇게 말한 다음 그는 얼굴에 웃음을 띠면서 이러는 것이었습니다. "재미있는 사실은 내가 아침에 걱정거리들을 나무에서 다시 찾을 때, 전날 저녁에 걸어 놓았을 때 기억한 걱정거리보다는 훨씬 그 숫자가 줄어들었다는 것입니다."

* Trouble Tree

I hired a plumber to help me restore an old farm-
house, and after he had just finished a rough first
day on the job a flat tire made him lose an hour of
work, his electric drill quit and his ancient one ton
truck refused to start. While I drove him home, he
sat in stony silence. On arriving, he invited me in to
meet his family. As we walked toward the front
door, he paused briefly at a small tree, touching the
tips of the branches with both hands. When open-
ing the door he underwent an amazing transforma-
tion. His tanned face was wreathed in smiles and
he hugged his two small children and gave his wife
a kiss. Afterwards he walked me to the car. We
passed the tree and my curiosity got the better of
me. I asked him about what I had seen him do ear-
lier. "Oh, that's my trouble tree," he replied. "I
know I can't help having troubles on the job, but
one thing's for sure, those troubles don't belong in
the house with my wife and the children. " So I just

hang them up on the tree every night when I come home and ask God to take care of them. Then in the morning I pick them up again." "Funny thing is," he smiled, " when I come out in the morning to pick 'em up, there aren' t nearly as many as I remember hanging up the night before."

- Min-Young Jung 전언

2005, Christmas

보아스의 자상한 사랑

우리는 룻의 이야기를 좋아한다. 룻기는 "세상의 어떤 시인도 이보다 더 아름다운 단편 소설을 쓸 수 없다" (A. Schroeder)라는 말처럼 아름다운 이야기이다. 하나님이 평범한 삶을 열심히 살아가는 보통사람들의 일상생활에서 당신의 뜻을 이루시고, 하나님을 신뢰하는 사람들을 결코 버리지 않으신다는 이야기를 담고 있다.

그런데 우리는 룻기에서 보아스의 예의 바르고 자상한 사랑을 배워야 한다. 보아스는 그 당시 지주나 다름없는 큰 부자였다. 그가 룻에게 자상한 배려를 베풀어야 할 이유도 없었다. 그는 성품이 좋은 사람이었다. 보아스는 룻이 자기 밭에서 이삭을 줍는 것을 보고 선한 말로 룻을 위로하고 식사할 때에 룻에게 떡과 볶은 곡식을 제공하여 배불리 먹게 했다(룻 2:12~14). 그리고 보아스는 자기 소년들에게 명하여 룻이 곡식 단 사이에서 이삭을 줍도록 허락하고 줌에서 조금씩 뽑아 룻의 이삭 줍는 것을 쉽게 해주었다(룻 2:15~16). 농촌에서 곡식 단 사이에서 이삭을 줍는 것은 있을 수도 없거니와 줌에서 조금씩 뽑아 이삭 줍도록 도와주는 것은 더더욱 있을 수 없다. 그러나 보아스는 마음바탕이 순결하고 사랑이 많은 사람이기에 이렇게 할 수 있었다. 보아스는 분명 다윗의 조상이 될 자격이 있다.

- 편저자 2005. 10.

무술의 단계

"무술에도 단계가 있나?"

"3단계가 있다. 첫째는 손에도 마음에도 칼이 있는 단계다. 최고가 되겠다고 무술을 연마하는 때다.

둘째는 손에는 칼이 없지만 마음에 칼이 있는 단계다. 상대를 직접 해치지는 않지만, 마음속에는 여전히 오만과 승리에 대한 집착이 있는 단계다.

셋째는 손에도 마음에도 칼이 없는 단계다. 적이 하나도 없는 단계다. 이 경지는 아마 종교적인 경지일 것이다."

"앞으로의 계획은 무엇인가?"

"인생의 반은 영화를 찍겠지만, 반은 자선활동을 하

고 싶다. 환경보호운동이 아닌 영혼보호운동을 하고 싶
다."

- 영화배우 리롄제(이연걸) 2006년 42세

동아일보 2006. 3. 2.

가장 중요한 유산

마이클 레이건(레이건 대통령의 아들)은 로날드 레이건의 진정한 위대성이 그의 성품에 있다고 쓴다. 마이클은 자기 아버지에 대해 여러 보도 기관의 발표에도 불구하고 자기 아버지의 성품에 대해 아는 사람이 별로 없다고 말한다. 마이클은 다음의 성품 이야기가 로날드 레이건의 가장 중요한 유산이라고 전한다.

"그는 실제로 겸손함으로 진정한 겸손의 의미를 나에게 가르쳤습니다."

"그는 실제로 품위를 지킴으로 존엄의 의미를 나에게 가르쳤습니다."

"그는 실제로 용서함으로 용서의 의미를 나에게 가르쳤습니다."

"그는 자신의 결단으로 바른 것을 실천함으로 굳은

의지의 결단이 있다는 사실을 나에게 가르쳤습니다." 라
고 마이클은 쓴다.

∗ The Real Greatness of Ronald Reagan

Michael Reagan writes that the real greatness of
Ronald Reagan was his character. Despite the
media's attention to his Dad, Michael says few real-
ly knew his father's character. Michael Reagan tells
us that these lessons of character are Ronald
Reagan's most important legacy.

"He taught me the meaning of true humility by
being humble."

"He taught me the meaning of dignity by being dignified."

"He taught me the meaning of forgiveness by being forgiving."

"He taught me the meaning of having an iron-willed determination to do what is right through his own determination." Michael writes.

Coal Basket Bible

The story is told of an old man who lived on a farm in the mountains of Eastern Kentucky with his young grandson.

Each morning, Grandpa was up early sitting at the kitchen table reading From his old worn-out Bible. His grandson who wanted to be just like him. Tried to imitate him in any way he could.

One day the grandson asked, "Papa, I try to read the Bible just like you. But I don't understand it, and what I do understand I forget as soon as I close the book. What good does reading the Bible do?"

The Grandfather quietly turned from putting coal in the stove and said, "Take this coal basket down to the river and bring back a basket of water."

The boy did as he was told, even though all the water leaked out before He could get back to the house.

The grandfather laughed and said, "You will have to move a little faster Next time," and sent him back to the river with the basket to try again.

This time the boy ran faster, but again the basket was empty before he Returned home. Out of breath, he told his grandfather that it was "impossible to carry water in a basket," and he went to get a bucket instead.

The old man said, "I don't want a bucket of water; I want a basket of Water. You can do this. You're just not trying hard enough," and he went out the door to watch the boy try again.

At this point, the boy knew it was impossible, but he wanted to show his Grandfather that even if he ran as fast as he could, the water would leak out before he got far at all.

The boy scooped the water and ran hard, but when he reached his grandfather the basket was again empty. Out of breath, he said, "See Papa, it's useless!"

"So you think it is useless?" The old man said, "Look at the basket."

The boy looked at the basket and for the first time he realized that the basket looked different. Instead of a dirty old coal basket, it was clean.

Son, that's what happens when you read the Bible. You might not understand or remember everything, but when you read it, it will change You from the inside out. That is the work of God in our lives. To change us from the inside out and to slowly transform us into the image of His son. Take time to read a portion of God's word each day.

Remind a Friend by sharing this email.

For God so loved the world that He sent His Son for me and because I believe in Him I will live eternally.

In Jesus' name, Amen.

"The Grass Withers, The Flower Fades, but the Word of our God stands Forever." (Isaiah 40:8)

죽음도 이겨낸 딸과의 약속

광부와 요리사 직업을 가졌던 브라이언 파올로 씨는 폐암으로 폐 일부를 절제한 뒤 몇 년 간 폐기종을 앓았다. 1년 전 의료진이 소생이 어렵다는 진단을 내리자 가족들은 눈물을 머금고 생명 유지 장치를 제거했다.

그러나 가족들이 포기한 그 순간, 거짓말처럼 기적이 일어났다. 파올로 씨가 맏딸 앤마리(41세, 2006년)의 결혼식을 일주일 앞두고 의식을 되찾은 것이다. 그는 딸의 결혼식에 참석한 것은 물론 피로연에서 '아빠와 함께 춤을' 이라는 곡에 맞춰 딸과 춤을 추기도 했다. 파올로 씨의 결혼식 참석은 가족과 의료진뿐 아니라 200여 명의 하객도 전혀 예상하지 못한 사건이었다. 파올로 씨는 그 후로도 삶의 촛불을 1년간 더 살려 갔다. 금년 3월에는 외손자가 태어나는 기쁨도 맛보았다. 마침내 그는 지난 부활절인 4월 16일에 상태가 악화되어 병원에 실려 갔고 18일(화) 끝내 숨을 거

됐다. 향년 66세였다.

앤마리 씨는 "지금 내 마음은 쓰라리지만 아버지가 보여 준 죽음을 이긴 사랑은 결코 잊지 않을 것"이라고 울먹였다.

- 이진 기자

동아일보 2006. 4. 28.

바울의 선교사 지원에 대한 선교 위원회의 답변

 사랑하는 바울 선생께

근래에 우리는 당신에게서 우리 선교회에 소속되어 사역하기를 원한다는 지원서를 받았습니다. 우리는 당신의 경우를 철저하게 조사했습니다. 그런데 솔직하게 말씀드리자면 당신이 정식 선교사로 합격되었다는 사실에 놀라움을 금치 못하고 있습니다.

1. 첫째로 우리는 당신이 효과적인 사역을 위해 극복하기 어려운 심각한 눈병을 앓고 있다는 사실을 들었습니다. 우리는 일반적으로 20-20의 시력을 요구하고 있습니다.

2. 둘째로, 우리는 풀타임 선교사가 생계를 위해 파트타임 노동을 하는 사실에 대해 좋게 생각하지 않습니다. 그러

나 우리는 당신이 파트타임으로 천막을 만드는 일을 하고 있다고 들었습니다. 당신은 직접 써서 빌립보 교회에 보낸 편지에 빌립보 교회만이 유일한 후원교회라고 인정하셨습니다. 우리는 왜 이런 일이 벌어졌는지 궁금합니다.

3. 더 나아가, 당신이 감옥 생활을 했다는 것이 사실입니까? 어떤 형제들이 말하기로는 당신이 가이사랴에서 2년간 복역을 했고 로마에서도 감옥 생활을 했다고 합니다.

4. 더욱이, 데살로니가에서 온 보고로는 당신이 거기 사는 사람들에게 말썽을 많이 부려 그 사람들이 당신을 가리켜 "천하를 어지럽게 하던 이 사람" 이라고 말했다는 이야기도 전해 들었습니다. 우리는 그런 선정적인 사역이 선교하는 데 유익하다고 생각하지 않습니다. 우리는 또한 당신이 다메섹에서 밤에 광주리를 타고 성 밖으로 도망친 사건도 한탄스럽게 생각하고 있습니다.

5. 당신이 쓴 편지 중 하나에서 당신은 자신을 가리켜

"나 늙은 바울" 이라고 했습니다. 우리 선교회의 연금 정책은 나이 많은 수혜자가 넘쳐 나는 것을 기대하지 않습니다.

6. 당신의 사역은 성공하기에는 너무 변덕스럽습니다. 처음에는 소아시아, 그 다음은 마게도니아, 그 다음은 그리스, 그 다음은 이탈리아, 그리고 이제 당신은 스페인으로 가겠다는 부질없는 이야기도 하고 있습니다. 사람의 능력을 한 곳에 집중하는 것이 분산시키는 것보다 더 중요합니다.

7. 마지막으로, 의사이신 누가 박사께서 당신은 키가 작고 가냘픈 사람이요, 대머리가 벗어졌고 자주 병을 앓고 있으며, 늘 교회로부터 자극을 받아 잠도 제대로 자지 못한다고 보고합니다. 누가 박사의 보고로는 당신이 밤늦게까지 기도하기 위해 집 주변을 어슬렁거리며 걸어 다니기도 한다고 합니다. 우리 선교회가 원하는 이상적인 선교사 지원자는 튼튼한 몸에 건강한 정신을 가진 사람입니다. 우리는 밤에 잠을 잘 자는 것이 당신에게 열정(zest)과 원기(zip)를

제공하여 아침에 활력(zing)을 가지고 깨어날 수 있게 한다고 믿습니다.

바울 형제여, 우리가 당신께 이렇게 말씀드린 것에 대해 죄송하게 생각합니다. 그러나 우리의 모든 경험을 통해 볼 때 우리 선교회의 요구 사항에 당신처럼 이렇게 정면으로 배치되는 지원자는 만나 보지를 못했습니다. 만약 우리가 당신을 허입한다면 우리는 현재 선교사 영입을 위해 정해놓은 모든 원리를 깨는 것이 될 것입니다.

- 가장 신실한 마음으로,
외지 선교회 서기 경박한 홍길동
(출처 미상)

The Rev. Paul, Apostle Independent Missionary
Corinth, Greece

* Dear Mr. Paul,

We recently received an application from you for service under our board. We have made an exhaustive survey of your case and, frankly, we are surprised that you have been able to "pass" as a bonafide missionary.

1. In the first place we are told that you are afflicted with severe eye trouble which is almost certain to be an insuperable handicap to any effective ministry. We normally require 20-20 vision.

2. Secondly, we take a dim view of a full-time missionary doing part-time work for living, but we hear that you are making tents on the side. You admitted in a letter to the church at Philippi that they are the only group supporting you. We wonder why this is.

3. Further, is it true that you have a jail record? Certain brethren report that you did two years' time at Caesarea and were also imprisoned in Rome.

4. Moreover, it is reported from Ephesus that you made so much trouble for the businessmen there that they refer to you as "the man who turned the world upside down." We feel such sensationalism has no place in missions. We also deplore the "over-the-wall-in-a-basket" episode at Damascus.

5. In one of your letters you refer to yourself as "Paul the Aged." Our new pension policies do not anticipate a surplus of elderly recipients.

6. Your ministry has been far too flighty to be successful. First Asia Minor, then Macedonia, then Greece, then Italy, and now you are talking about a wild-goose chase into Spain. Concentration is more important than dissipation of one's powers.

7. Finally, Dr. Luke the physician reports that you are a thin little man, rather bald, frequently sick, and always so agitated over your churches that you sleep every poorly. He indicates that you pad around the house praying half the night. Our ideal for all applicants is a healthy mind in a robust body. We believe that a good night's sleep will give you

zest and zip so that you wake up full of zing.

We regret to inform you, Brother Paul, but in all our experience we have never met a candidate so opposite to the requirements of our mission board. If we should accept you we would be breaking every principle of current missionary practice.

- Most Sincerely

J. Flavius Fluffyhead

Secretary, Foreign Mission Board

(Source Unknown)

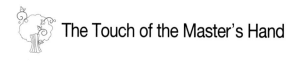# The Touch of the Master's Hand

'Twas battered and scarred, and the auctioneer thought it scarcely worth his while to waste much time on the old violin, but held it up with a smile; "What am I bidden, good folks," he cried, "Who'll start the bidding for me?" "A dollar, a dollar; then two!" "Only two? Two dollars, and who'll make it three? Three dollars, once; three dollars twice; going for three. But no, from the room, far back, a gray-haired man came forward and picked up the bow; Then, wiping the dust from the old violin, and tightening the loose strings, he played a melody pure and sweet as caroling angel sings.

The music ceased, and the auctioneer, with a voice that was quiet and low, said; ' What am I bid for the old violin?" And he held it up with the bow. A thousand dollars, and who' ll make it two? Two thousand! And who'll make it three? Three thousand, once, three thousand, twice, and going and gone," said he. The people cheered, but some of them cried, "We do not quite understand what changed its worth." Swift came the reply: "The touch of a master's hand."

And many a man with life out of tune, and battered and scarred with sin, is auctioned cheap to the thoughtless crowd, much like the old violin, a "mess of pottage," a glass of wine; a game and he travels on. "He is going" once, and "going twice, He's going and almost gone." But the Master comes, and the foolish crowd never can quite understand the worth of a soul and the change that's wrought by the touch of the Master's hand.

- By: Myra Brooks Welch

Kindly contributed by: S. Simons

황혼의 슬픈 사랑 이야기

육십이 넘은 노부부가 성격 차이라는 이유로 이혼을
했습니다. 성격 차이로 이혼한 그 노부부는 이혼한 그
날, 이혼 처리를 부탁했던 변호사와 함께 저녁 식사를
했습니다. 주문한 음식은 통닭이었습니다. 주문한 통닭
이 도착하자 남편 할아버지는 마지막으로 자기가 좋아
하는 날개 부위를 찢어서 아내 할머니에게 권했습니다.
권하는 모습이 워낙 보기가 좋아서 동석한 변호사가 어
쩌면 이 노부부가 다시 화해할 수도 있을지 모르겠다고
생각하는 순간, 아내 할머니가 기분이 아주 상한 표정으
로 마구 화를 내며 말했습니다. "지난 삼십 년 간을 당
신은 늘 그래왔어. 항상 자기중심적으로만 생각하더니
이혼하는 날까지도 그러다니……난 다리 부위를 좋아
한단 말이야. 내가 어떤 부위를 좋아하는지 한 번도 물
어 본 적이 없어, 당신은. 자기중심적이고 이기적인 인

간······."

아내 할머니의 그런 반응을 보며 남편인 할아버지가 말했습니다. "날개 부위는 내가 제일 좋아하는 부위야. 나는 내가 먹고 싶은 부위를 삼십년 간 꾹 참고 항상 당신에게 먼저 건네 준 건데······. 어떻게 그렇게 말할 수가 있어. 이혼하는 날까지." 화가 난 노부부는 서로 씩씩 대며 그 자리를 박차고 일어나 각자의 집으로 가버렸습니다.

집에 도착한 남편 할아버지는 자꾸 아내 할머니가 했던 말이 생각났습니다. "정말 나는 한 번도 아내에게 무슨 부위를 먹고 싶은가 물어 본 적이 없었구나. 그저 내가 좋아하는 부위를 주면 좋아하겠거니 생각했지 내가 먹고 싶은 부위를 떼어내서 주어도 시큰둥한 반응을 보이는 아내에게 섭섭한 마음만 들고 돌아보니 내가 잘못한 일이었던 것 같아. 나는 여전히 아내를 사랑하고 있는데······. 아무래도 사과라도 해서 아내 마음이나 풀어주어야겠다." 이렇게 생각한 남편 할아버지는 아내 할머니에게 전화를 걸었습니다.

핸드폰에 찍힌 번호를 보고 남편 할아버지가 건 전화임을 안 아내 할머니는 아직 화가 덜 풀려 그 전화를 받고 싶지가 않았습니다. 전화를 끊어 버렸는데 또 다시 전화가 걸려오자 이번에는 아주 배터리를 빼 버렸습니다.

다음 날 아침, 일찍 잠이 깬 아내 할머니는 이런 생각이 들었습니다. "그러고 보니 나도 지난 삼십 년 동안 남편이 날개 부위를 좋아하는 줄 몰랐네. 자기가 좋아하는 부위를 나에게 먼저 떼어내 건넸는데, 그 마음은 모르고 나는 뾰로통한 얼굴만 보여주었으니 얼마나 섭섭했을까? 나에게 그렇게 마음을 써 주는 줄은 몰랐구나. 아직 사랑하는 마음은 그대로인데……헤어지긴 했지만 늦기 전에 사과라도 해서 섭섭했던 마음이나 풀어주어야겠다."

아내 할머니가 남편 할아버지 핸드폰으로 전화를 했지만 남편 할아버지는 전화를 받지 않았습니다. "내가 전화를 안 받아 화가 났나" 하며 생각하고 있는데, 낯선 전화가 걸려왔습니다.

"전 남편께서 돌아가셨습니다." 남편 할아버지 집으로 달려 간 아내 할머니는 핸드폰을 꼭 잡고 죽어 있는 남편을 보았습니다. 그 핸드폰에는 남편이 마지막으로 자신에게 보내려고 찍어 둔 문자 메시지가 있었습니다.

"미안해, 사랑해."

백낙준 박사와 박수무당 아버지

백낙준 소년의 아버지는 박수무당이었다. 하루는 백낙준의 아버지가 무당노릇을 하고 있는데 동네 교회 여전도사가 "거 자식 망할 짓 그만하고 예수 믿고 구원받으시오."라고 말했다. 그 말을 들은 백낙준의 아버지는 "이 망할 xxx야 천당인지 만당인지 너나 가거라."고 맞받아 쳤다.

집에 와서 가만히 생각해보니 "자식 망할 짓"이란 말이 계속 마음에 걸렸다. 백낙준의 아버지 박수무당은 그 길로 여전도사를 찾아가서 "왜 자식 망할 짓"이라고 말했는지 따져 물었다. 여전도사가 대답하기를 "무당 자녀치고 잘 된 사람 있으면 데려와 봐"라고 했다. 가만히 생각해 보니 정말로 무당의 자녀들이 잘 된 사람 하나도 없다는 것을 알게 되었다.

백낙준의 아버지는 그 여전도사에게 어떻게 하면 자

녀가 잘 될 수 있겠느냐고 자문했다. 그 때 여전도사께서 "무당 짓 그만하고 예수 믿으시오."라고 전도했고 백낙준의 아버지가 무당 그만두고 예수를 믿었다. 그는 무당 짓 할 때 내던 열심으로 예수를 열심히 믿었다.

백낙준의 아버지가 다니는 교회가 교회당 건축을 하게 되었다. 백낙준의 아버지는 다른 성도들이 건축 헌금을 하는데 자신은 가난해서 건축 헌금을 하지 못하는 형편이었다. 그래서 그는 하나님께 "나도 다른 성도들처럼 건축 헌금 할 수 있게 해 달라."고 기도했다. 백낙준의 아버지가 기도하는 중 "네가 가지고 있는 것으로 하라."는 말씀이 머리를 가득 채웠다.

그 당시 백낙준의 아버지는 논 네 마지기를 가지고 있었다. 그는 기도하기를 "이 네 마지기는 우리 가족의 생명줄입니다. 이걸 바치면 우리 식구는 모두 굶어 죽습니다."라고 했다. 그런데 기도 중에 들리는 말씀은 "네가 지금까지 논 네 마지기로 살았느냐?"라는 것이었다. 그래서 그는 "주님, 아닙니다. 주님의 은혜로 살았습니다."라고 대답했다. 그 후로도 "네가 가지고 있는 것을 바치라."는 음성이 머리를 떠나지 않았다. 그래서 그는 가지고 있던 전 재산인 논 네 마지기를 교회당 건축을 위해 바쳤다.

이 소문이 퍼지자 대구의 어느 교회에서 백낙준의 아버지를 교회 사찰로 채용했다. 이 소문은 선교사에게도 알려지게 되었고, 그 선교사님의 도움으로 백낙준 청년은 미국 유학을 하게 되었다. 미국 예일 대학교에서 박사학위를 받아 귀국하여 연세대학교 총장과 교육부장관까지 역임하셨다.

나중에 백낙준 박사의 아버지께서 간증하시기를 "내가 논 네 마지기를 가지고 있었다면 자식 유학 보내고 연세대학교 총장을 만들 수 있었겠는가?"라고 많은 사람들에게 증언했다.

- 박발영 목사 증언
광양불고기 집에 2006. 10. 12.

성도의 세 가지 덕목

성 어거스틴의 제자가 그에게 "사람이 갖추어야 할
덕목이 무엇입니까"라고 물었다. 어거스틴은 대답하기
를 "첫째는 겸손이다. 둘째도 겸손이다. 셋째도 겸손이
다."라고 했다. 제자가 묻기를 "겸손이 무엇입니까"라
고 하자, 대답하기를 "교만하지 않는 것이다"라고 했다.
그러자 제자가 "교만이 무엇입니까"라고 묻자, 어거스
틴은 "자기가 겸손하다고 생각하는 것이 교만이다"라
고 대답했다.

희생이 가져오는 보상

선다싱과 일행이 히말라야의 높은 산을 넘게 되었다. 일행은 몹시 추운 날씨로 고생이 심했다. 한 사람이 쓰러져서 더 걸을 수 없었다. 쓰러진 사람을 그대로 두면 동사할 수밖에 없는 형편이었다. 선다싱은 그 쓰러진 사람을 등에 업고 히말라야를 넘었다. 산을 다음 그는 이렇게 말했다. "내가 쓰러진 사람을 업고 오지 않았으면 나도 죽었을 것이다."

노블레스 오블리쥬

　'생각하는 사람'으로 잘 알려진 조각가 오귀스트 르
네 로댕은 1884년 프랑스 칼레 시의 의뢰를 받아 '칼레
의 시민'이라는 조각상을 만들었다. 이 작품에 표현된 6
명의 인물은 프랑스의 북부 도시 칼레가 1347년 영국군
에 의해 포위됐을 때 시민을 대신해 교수형을 자처한 귀
족들이다.

　영국과 프랑스 사이에 벌어진 백년 전쟁 와중에 영국
군의 집요한 공격을 받은 칼레는 지원군조차 기대할 수
없는 절망적인 상황에서 항복을 결정하게 된다. 칼레의
항복 사절단은 당시 원정군을 이끌던 영국 왕 에드워드
3세에게 시민들의 목숨만은 살려달라고 애원했다. 에드
워드 3세는 조건을 한 가지 내걸었다.

　"항복한다면 시민들의 목숨은 살려주겠다. 하지만
이 어리석은 저항에 대한 대가를 누군가는 치러야 한

다. 만약 시민 모두가 몰살당하는 대신 상징적인 의미에서 교수형을 당할 대표가 나온다면 다른 이들의 안전은 보장하겠다. 칼레에서 가장 명망이 높은 이를 골라 교수형에 쓸 밧줄을 목에 걸고 맨발로 영국군 진영으로 오게 하라."

이 얘기가 칼레에 전해지자 시민들은 동요했다. 목숨을 건지게 됐다는 안도와 누군가를 희생시켜야 한다는 막막함이 교차했던 것이다. 마침 귀족 중에서 한 사람이 가장 먼저 앞으로 나오며 외쳤다. "칼레의 대표 시민이여. 나와 함께 가자. 용기를 가지고."

곧바로 시장이 나섰고, 그의 아들도 뒤를 따랐다. 칼레에서 가장 돈을 많이 벌었던 부자도 나왔다. 하나같이 귀족이나 가진 것이 많은 이들이었다. 시민을 위한 희생을 자처한 이들은 담담히 에드워드 3세 앞으로 나아갔다. 예정된 처형이 집행되기 직전 영국 왕 에드워드 3세는 왕비의 간청에 못 이겨 이 용감한 칼레 시민 6명을 살려줬다.

로댕의 '칼레의 시민'은 진정한 의미에서 '노블레스 오블리쥬'(noblesse oblige)를 실천한 이들 6명을 기념하기 위한 작품인 것이다.

윌슨 박사의 마지막 편지

　　남극 탐험대의 일원이었던 윌슨(Dr. Edward Wilson) 박사는 탐험 후 돌아오는 길에 눈보라를 만나 대원 전원이 죽고 자기와 다른 한 사람만 남은 채 생애의 마지막 날을 기다리면서 아내에게 다음과 같은 글을 쓴다. "오내 사랑하는 아내여 불행하다고 생각하지 마시오. 모든 것은 최선을 위해 있는 것입니다.(문장 이상) 우리는 하나님이 정해 놓으신 계획을 수행하는데 큰 역할을 다하고 있기 때문입니다. 우리는 죽은 다음 모두 다시 만날 것이고 죽음은 공포가 될 수 없습니다. 하나님을 사랑하는 자에게는 모든 것이 최상의 것으로 나타납니다. 우리는 함께 우리 전 생애를 통해 하나님을 사랑했습니다." 이렇게 쓴 기록은 그의 사체 가슴 위에 성경 및 기도책과 아울러 나중에 발견되었다.

그리스도의 사랑을 전한 성탄절 사랑

이 이야기는 실제로 있었던 내용이다. 미국 공립학교에서 학생들이 성탄절 사랑(Christmas Love)을 나타내기 위해 13명의 학생을 동원하여 한 학생마다 철자 하나씩을 들고 서 있게 했다. 공립학교에서는 크리스마스(Christmas)가 공인된 휴일이므로 쉬기는 하지만 그리스도를 전할 수 없게끔 되어 있었다. 미국 공립학교에서는 공적으로 기도도 할 수 없는 상황이다. 그런데 공연 도중 일곱 번째 서 있는 학생이 자신도 모르는 사이에 M자를 거꾸로 들고 있었다. 그래서 M자가 청중들에게는 W자로 보였다. 이리하여 Christmas Love는 Christ Was Love로 바뀌어 결국 그리스도가 전파되었다.

- Sarah Park 전언

2006, 성탄절에

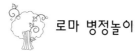 로마 병정놀이

노상헌 목사의 형님도 목사이시다. 노목사의 형님 되신 목사님이 여름 수련회 때 아이들을 데리고 수련회 장소로 가셨다. 하루는 말썽 피운 학생 둘에게 돌을 들게 해 산꼭대기로 데리고 가면서 자신은 막대기를 가지고 채찍하며 올라갔다. 다 올라 간 후 아이가 엉엉 울면서 "예수님이 얼마나 힘드셨겠는가"라고 울었다. 그 순간 성령이 노목사의 형님 목사에게 "너는 누구냐, 너는 로마 병정이지"라는 음성이 들려서 아이들 앞에 무릎 꿇고 용서를 빌었다.

- 노상헌 목사

합동신학대학원 경건회 2005. 5. 19.

핑계는 없다

매이나드(Kyle Maynard)는 사지가 없는 지체 장애자이다. 그는 『핑계는 없다』(No Excuse)라는 책을 썼다. 그 책에서 그는 자신이 사지가 없는 지체 장애자로서 어떻게 "Sports Champion of Wrestler"가 되었는지를 기술한다. 그는 265 파운드 계열의 레슬링 챔피언이다. 그는 다른 사람보다 열배, 아니 백배의 노력으로 그 자리에 올랐다. 그의 노력과 인내는 말로 설명할 수 없을 정도이다. 그는 삶에 있어서 "핑계는 없다"고 단호히 말한다.

구제 활동과 겸손

　카트리나 재난이 세상을 떠들썩하게 했다. 아름다운 도시 뉴올리언즈의 뚝이 해일로 무너져 도시 대부분이 물에 잠겼다. 미국 사회와 정부, 교회가 힘을 합쳐 이재민을 도왔다. 그런데 카트리나 재난 때 도움을 주기 위해 여러 교회가 재난 지역의 교회를 방문하여 구호 활동을 펴면서 자신들의 교회의 이름은 내세우지 않고 그 곳의 교회 이름으로 구호 활동을 폈다. 그 이유는 앞으로의 전도 사역은 구호를 베푼 교회가 할 일이 아니라 구호를 받은 그 지역의 교회가 맡아야 할 일이라는 것이었다. 구제한 교회는 교회 차량을 안 보이는 곳에 주차해 놓고 그 곳 교회이름으로 불신자들에게 구호 활동을 폈다. 어느 불신자는 구호 물품을 받아 가면서 "여기에 교회가 있었는지 몰랐다"고 말하기도 했다. 얼마나 겸손하고 효과적인 구제 활동인가. 이렇게 구제 활동을 편 교회 중 한 교회가 알라버마 주 버밍햄 시에 있는 브라이어우드 장로교회이다.

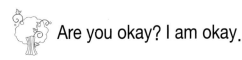# Are you okay? I am okay.

　새한 장로교회(미국 애틀랜타 소재)에서 부목사님으로 봉사하던 황일하 목사의 증언이다. 피츠버그 소재 성산교회의 유경화 집사님이 어느 날 운전을 하다 앞에 가던 차를 뒤에서 받았다. 집사님이 "이젠 큰 일 났구나. 보험료 올라가겠구나. 병원비 물어야 하겠구나"라고 생각하고 차에서 나왔더니, 앞 차를 운전하신 분이 "괜찮으십니까? 다치지 않으셨습니까?"(Are you okay? Aren't you hurt?)라고 말하면서 "저는 괜찮습니다. 가셔도 좋습니다. 안전 운전하십시오."(I am okay. You can go. You drive safely.)라고 말하고 자신의 갈 길을 갔다. 그런 일이 있은 후 2개월 후에 집사님이 운전하고 가는데 어떤 사람이 뒤에서 집사님의 차를 들이 받은 사건이 있었다. 집사님이 잠시 "잘 됐다. 차도 좀 고치고 돈도 좀 뜯어내자"라는 생각을 하면서 차에서 내리는

데, 2개월 전 은혜 받은 사건이 생각나서 자신도 차에서 내려 "저는 괜찮습니다. 괜찮으십니까? 가서도 좋습니다. 안전 운전하십시오."(I am okay. Are you all right? You can go. You drive safely)라고 말하고 헤어졌다. 집사님은 큰 은혜를 받아서 은혜를 베풀 수 있었다. 이런 사고 경험을 꼭 하고야 은혜를 베풀고 사랑을 베풀겠는가? 좋은 말로 말할 때 은혜와 사랑을 베풀면서 살아야 하지 않겠는가? 우리는 큰 은혜와 큰 사랑을 받았다. 큰 사람처럼 사랑을 베풀면서 살도록 하자.

- 새한교회 황일하 목사 전언
2006. 1. 4.

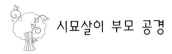 시묘살이 부모 공경

유범수 씨는 자신의 어머니가 세상을 떠나자 묘 옆에서 시묘살이를 3년간 했다. 묘 옆에 오두막을 세워 놓고 묘를 지극 정성으로 보살폈다. 그리고 유범수 씨는 오래 전에 돌아가신 아버님을 위해 시묘살이를 하지 못한 것을 안타깝게 생각하며 아버지 묘 옆에서 1년간의 시묘살이도 마쳤다. 성도들은 이런 관행을 따를 필요도 없고 그렇게 해서도 안 되겠지만 유범수 씨의 부모 공경의 마음과 정성은 본받아야 한다.

- 편저자

별난 사람, 귀한 사람

바쁘기로 소문 난 어느 회사원이 현금 서비스를 받고자 은행에 갔다. 20만원을 인출키로 하고 기계작동을 마쳤다. 카드를 먼저 뽑아든 후 현금을 집는 순간이었다.

갑자기 난데없는 손이 나타나 현금을 가로채 갔다. 정말이지 순간적인 일이었다. 회사원은 까무러칠 듯이 놀랐지만 정신을 바짝 차렸다. 도망가는 젊은이를 곧바로 뒤쫓았다. 갑작스러운 소동에 은행은 발칵 뒤집혔고, 이 회사원은 도망자를 쫓는데 혼신의 힘을 쏟았다. 마침내 이 회사원은 도망자를 가까스로 붙잡았다. 물론 돈도 고스란히 돌려받았다.

이 때 이 회사원이 할 수 있는 일은 두 가지였다. 경찰에 넘기든지, 용서하고 그냥 돌려보내든지 해야 했다. 그러나 그는 그렇게 하지 않았다. 벌건 대낮에 젊은

이가 돈을 훔치게 된 이유와 동기를 물었다.

　붙잡힌 젊은이는 용서를 구하면서 딱한 사정을 말했다. 병원에 있는 어머니의 입원비 80만원을 구할 수 없어 그만 눈이 뒤집혔다는 것이었다. 회사원은 자신의 바쁜 처지도 잊은 채 그 젊은이와 함께 확인차 병원까지 갔다.

　정말 병원에는 그 젊은이의 어머니가 입원해 있었고, 그 집안은 입원비를 마련할 수 없는 딱한 형편이었다. 이를 보고 회사원은 결심을 했다. 카드를 다시 긁어 80만원을 만들어 그 불쌍한 모자를 위해 선뜻 입원비를 대납해주었다.

　물론 집에 가서는 아내한테 사실을 이야기 했고, 아내로부터 "별난 사람, 못난 사람"이라며 바가지를 긁혔다.

이것은 소설이 아니라 최근에 대전에서 있었던 일이다. 한국통신공사에 근무하는 아무 자매가 자기 직원의 일이라며 지난 추석 때, 제게 들려 준 이야기다.

- 남웅기 목사 제공
바로선 교회

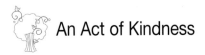 # An Act of Kindness

During World War II, the Kabilios, a Jewish family in Sarajevo, were hidden in the attic of their Muslim neighbors, the Lehebras. This was extremely dangerous for both families. The penalty for hiding 'the enemy' was death. After the war, the Kabilio family immigrated to Israel. Their daughter, Tova, grew up there.

In 1992, when Sarajevo was under artillery attack, Tova went to the Israeli authorities and told them about the extraordinary kindness of the Lehebra family. A few days later, an El Al plane landed in Sarajevo. Israeli agents found the Lehebra family and transported them safely to Israel.

- Rabbi Jerry Fisher 제공

모두 다 듣게 한 기도

하늘에 계신 아버지여, 오늘 우리는 당신의 용서를 구하고 당신의 지시와 인도를 구하기 위해 당신 앞에 나왔습니다. 우리는 당신의 말씀에 '악을 선하다고 부른 자들에게 화가 있으리로다' 라고 말씀하고 있음을 압니다. 그런데 우리는 바로 그와 같은 일을 저질렀습니다. 우리는 우리의 영적인 안정을 상실했고 우리의 가치를 전도시켰습니다.

우리는 당신의 말씀의 절대적인 진리를 조롱하고서 그것을 도덕적 다원주의라고 불렀음을 고백합니다. 우리는 다른 신들을 경배하고서 그것을 다원화된 문화의 영향이라고 불렀습니다. 우리는 타락의 삶을 지원하고서 그것을 다른 형태의 삶의 방식이라고 불렀습니다.

우리는 가난한 자들을 이용하고서 그것을 복권이라고 불렀습니다. 우리는 필요한 사람을 돕지 않고서 그

것을 자아 보존이라고 불렀습니다. 우리는 게으른 자들에게 상급을 주고는 그것을 보살펴 주는 혜택이라고 불렀습니다. 우리는 태아의 생명을 죽인 후에 그것을 선택이라고 불렀습니다. 우리는 유산 지지자를 총으로 쏜 후에 그것을 정당한 행위라고 불렀습니다.

우리는 자녀들의 징계를 게을리 하고서는 그것을 자존심 세우기라고 불렀습니다. 우리는 권력을 남용하고 나서 그것을 정치적 상식이라고 불렀습니다. 우리는 이웃의 소유를 탐내고서 그것을 야망이라고 불렀습니다. 우리는 불경한 일과 호색적 잡지로 공기를 오염시키고는 그것을 표현의 자유라고 불렀습니다.

- Joe Wright
Central Christian Church
Wichita, Kansas

Prayer that Makes Everyone Listen

"Heavenly Father, we come before You today to ask your forgiveness and seek your direction and guidance. We know your word says, 'Woe to those who call evil good,' but that's exactly what we've done. We have lost our spiritual equilibrium and inverted our values.

"We confess that we have ridiculed the absolute truth of your word and called it moral pluralism. We have worshipped other gods and called it multi-culturalism. We have endorsed perversion and called it an alternative lifestyle." "We have exploited the poor and called it the lottery. We have neglected the needy and called it self-preservation. We have rewarded laziness and called it welfare."

"We have killed our unborn and called it choice. We have shot abortionists and called it justifiable."

"We have neglected to discipline our children and called it building esteem. We have abused power and called it political savvy. We have coveted our neighbors' possessions and called it ambition. We have polluted the air with profanity and pornography and called it freedom of expression."

- Rev. Joe Wright,
Central Christian Church
Wichita, Ka

개의 충성

　전남 진도군 의신면 돈지리, 이기서 씨(39)의 5년생 진도개, "백구"가 대전으로 팔려간 지 7개월 만에 다시 옛집으로 돌아와 진도개의 영특함을 과시했다. 이씨는 지난 해 3월 이 개를 대전 사람에게 팔았는데 7개월만인 지난 해 10월 뼈와 가죽만 앙상한 모습으로 3백 여km를 걸어 옛 주인집으로 돌아왔다고 전한다. 진도대교가 가설되기 전에도 진돗개가 외지로 팔려나간 뒤 얼마 후에 거센 울돌목을 헤엄쳐 귀가한 일이 종종 있었지만 이 같은 경우는 이번이 처음이라고 한다.

- 장철호
동아일보 1994. 1. 15.

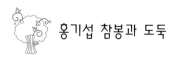

홍기섭 참봉과 도둑

어느 날 참봉 벼슬을 하는 홍기섭(洪耆燮)의 집에 도둑이 들었다. 한데 아무리 둘러봐도 훔칠만한 물건이라고는 없고 겨우 솥 하나 덩그러니 걸려있을 따름이었다. "이렇게 가진 게 없을 수 있나. 양반으로 벼슬을 한다고 하면서 너무하군. 도둑질을 하기는커녕 도와줘야겠는데……" 도둑은 이렇게 중얼거리며 얼마간의 돈을 솥에 넣어두고 갔다.

이튿날 이 돈을 발견한 하녀는 입이 함박만하게 벌어졌다. "하늘이 내리신 물건인 듯합니다. 이것으로 양식과 땔감을 사오면 당장 궁색함을 면할 수 있겠습니다." 그러나 홍참봉은 하녀를 크게 꾸짖었다. "어찌 하늘이 내리신 물건이겠느냐. 필시 잃은 사람이 있을 것이니 오늘은 내가 집에서 기다리고 있다가 돌려주리라." 그리고 대문에다 "돈을 잃은 사람이 있거든 찾아가시오"

라고 써 붙였다.

  뒷일이 궁금해 이 집 근처에 다시 나타난 도둑은 대문에 붙은 방을 보고 괴이히 여겨 은밀히 하녀에게 까닭을 물어 보았다. 자초지종을 들은 도둑은 감탄하여 안으로 들어가 자신이 바로 도둑이라고 용서를 빌고 돈을 놓고 간 경위를 설명했다. 그리고 놓고 간 돈을 달리 생각 말고 써 달라고 말했다. "이놈! 당장 돈을 가져가거라. 내가 아무리 가난하기로서니 까닭 없이 남의 돈을 받지 않는다. 더구나 도둑질한 돈을 쓰란 말이냐." 홍참봉은 진노하여 도둑을 크게 꾸짖었다.

  도둑은 크게 느끼는 바 있어 앞으로 참된 사람이 될 것을 다짐하고 물러갔다. 홍참봉의 손녀는 후에 헌종(憲宗)의 왕비 명헌왕후(明憲王后)가 되었다.

- 박재관

한국기담일화선

하천풍언의 사람됨

일본의 기독교 지도자 하천풍언(가가와 도요히꼬) 씨는 성자와 같은 사람이었다. 하루는 낯모르는 40대 여인이 하천풍언 씨가 섬기는 교회에 나타나서 불룩 튀어 나온 자신의 배를 가리키며 하는 말이 "여러분, 하천풍언 씨를 믿지 마시오. 인자한 것 같으나 행동은 그런 사람이 아닙니다. 저의 이 배를 보십시오. 여기 들어 있는 아이는 하천풍언 씨로 인해 잉태된 것입니다."

본인은 물론 온 교인이 놀라 자빠질 지경이었다. 여인의 남편이 고소하여 하천풍언 씨는 감옥에 들어갔다. 하천풍언 씨는 거기서 성자답게 계속 기도만 하고 아무런 변명도 하지 않았다. 3개월이 지난 후 그 여인이 찾아와 자신의 잘못을 뉘우치고 회개하였다. 결국 하천풍언 씨는 석방되고 그 여인은 갇히게 되었다.

- 편저자

몰아 상태의 기도

연극은 실제 상황이 아닌 경우를 묘사하는 경우가 흔하다. 연극은 있을 수 있는 상황을 꾸며서 발표함으로 청중의 공감대를 형성한다. 1994년도 예원교회 전교인 수련회(8월 1~3일) 기간 중 각 조별 연극 발표회가 있었다. 그때 장인식 성도가 포함된 조에서 이북에 두고 온 아내의 전도 덕분에 생명을 구한 남편(장인식 역)이 북에 있는 아내를 위해 기도하고, 또 아내의 공헌에 감사기도를 드리는 대목이 있었다. "하나님 이북에 있는 아내를 생각하며 하나님께 감사를 드립니다. 내가 이전에 그렇게도 핍박하고 구박했지만, 아내는 나에게 복음을 전해 주었고 이제 나는 그 복음 때문에 죽음의 문턱에서 제2의 생명을 얻었습니다"라고 기도하는 대신, "하나님 오늘 저녁 연극을 할 수 있게 해 주셔서 감사합니다"라고 연극에 심취되어 몰아지경에 빠지는 상태를 표출했다. 우리가 기도할 때 그렇게 몰아지경으로 기도한다면 하나님이 기뻐하실 것이다.

- 편저자

의에 주리고 목마른 자

　박희석 목사님과 김명순 사모의 이야기가 있다. 김명순 사모가 아직 결혼하기 전 그의 가정은 믿지 않았다. 그래서 김명순 사모는 많은 핍박을 받으며 신앙생활을 했다. 한번은 언니 집에 성경을 가지고 갔는데 언니가 성경을 농 뒤로 던져 넣어 언니 집에 있는 동안 성경을 볼 수 없었던 적도 있다. 김명순 사모가 박희석 전도사와 결혼하는 것도 대단한 반대를 받았다. 아버지께서 더더욱 그 결혼을 반대했다. 그래서 김명순 사모는 많은 핍박을 받으며 교회생활을 계속했는데, 아버지의 눈을 피해 새벽기도회에 가려고 먼저 성경 찬송을 보자기에 싸서 밖으로 던진 다음 밖으로 나와 성경 찬송을 다시 주워서 교회에 가곤 했다. 김명순 사모는 교회에 나가는 것이 좋고 하나님께 기도하는 것을 그칠 수가 없어서 그런 비상의 방법으로 새벽기도회에 참석한 것이다.

김명순 사모는 "의에 주리고 목마른 자" 였다. 현재 박희석 목사와 김명순 사모는 미국에서 "추수 선교회"를 이끌면서 월간지 "광야"를 창간하여 복음 사역을 열심히 하고 있다. 김명순 사모의 부친은 김명순 사모가 결혼하기 1주일 전에 교회에 나갔고, 그 후 예수를 믿고 세상을 떴다.

- 편저자

노 신학자의 진실성

    합동신학대학원대학교의 본관 문은 중복 문이다. 다음은 1988년 2월에 일어났던 이야기다. 김승권 목사가 학교를 방문하여 본관으로 들어가려고 첫 번째 문을 여는데 박윤선 박사와 교수들이 안쪽 문을 열면서 밖으로 나오고 계셨다. 김 목사가 인사를 하고 안쪽 문을 지나 2층으로 올라가는 계단을 오르려고 하는데 뒤에서 박윤선 박사가 "김 전도사 잠깐만," 하시더니 "내가 조금 전에 인사를 건성으로 받았어!" "내가 죄를 지었어! 나를 용서해 주겠지!" 라고 말씀하셨다. 김승권 목사는 16년이 지난 지금도 노 신학자의 진실한 마음을 기억하고 이에 감동한 것을 간직하고 있다.

- 김승권 목사 증언
원주 온유한교회(변세권 목사)
입당 예배시 2004. 12. 6.

가장 감미로운 짐 십자가

새뮤얼 러더포드(Samuel Rutherford, 1600~1661)는 스코틀랜드의 목사이자 신학자이다. 그는 국교를 거부함으로 옥고를 치렀다. 그는 웨스트민스터 신앙고백과 교리문답 작성에 크게 기여한 사람이기도 하다. 그는 다음과 같은 말을 했다.

"그리스도의 십자가는 내가 여태껏 져 본 짐 가운데 가장 감미로운 것이다. 그것은 새에게 날개와 같고 배에는 돛과 같은 것이요, 나로 하여금 나의 항구로 운반할 수 있는 짐이다."

- Walter J. Chantry
『부러진 십자가』 (엠마오, 1993) 40쪽에서

2부

행복의 이야기

삶을 살찌게 하는 말씀들_하나

견해란 사람이 그 견해를 위해 싸울 기회를 갖지 못하면 살아남을 수가 없다.

Opinions cannot survive if one has no chance to fight for them.

- Thomas Mann

행복은 길이에서 부족한 것을 높이에서 채운다.

Happiness makes up in height for what it lacks in length.

- Robert Frost

삶을 살찌게 하는 말씀들_둘

결코 두려움으로 협상하지 말자, 그렇다고 협상하는 것도 결코 두려워하지 말자.

Let us never negotiate out of fear, but let us never fear to negotiate.

- John F. Kennedy

당신의 모든 행복한 순간들을 소중히 간직하세요. 그 것들이 나이가 들었을 때 좋은 쿠션이 될 것입니다.

Cherish all your happy moments: they make a fine cushion for old age.

- Booth Tarkington

삶을 살찌게 하는 말씀들_셋

모든 일은 다른 사람에게 발생하는 한 웃기는 것이 된다.

Everything is funny as long as it is happening to somebody else.

- Will Rogers

자연은 20세 때의 얼굴을 당신에게 주었다. 이제 50 세 때의 얼굴에 어떤 공을 쌓느냐는 당신의 몫이다.

Nature gives you the face you have at twenty; it is up to you to merit the face you have at fifty.

- Coco Chanel

일곱 가지 치명적인 죄
(septem peccata mortalia)

중세시대의 박사들은 치명적인 죄를 다음과 같이 나눴다.

The medieval doctors divided the mortal sins:

(1) 교만. 교만은 겸손의 정반대이다. 교만은 자신의 가치를 잘못 매기는 것으로 정의할 수 있다. 중세의 스콜라 학자들은 교만이 개인을 하나님보다 높게 만들기 때문에 전적 교만은 타락의 근본이 되는 죄로 생각했다.

pride(superbia). Pride is the direct opposite of humilitas, humility, and may be defined as an inordinate valuation of self. The scholastic doctors of the Middle Ages viewed total pride as the sin at the root of the fall insofar as pride set the individual higher than God.

(2) 탐욕. 탐욕은 인색하지 않은 덕목인 관대함의 반대이다.

greed (avaritia). Greed is the opposite of the virtue liberalitas, or liberality.

(3) 질투. 질투는 사랑 혹은 헌신적 사랑의 반대이다. 질투는 다른 사람의 행복에 대해 슬퍼하는 것으로 정의할 수 있다.

envy or jealousy (invidia). Envy is opposed to caritas, love or self-giving love, and may be defined as sorrow over the good of another person.

(4) 식탐, 대식. 식탐은 절제와 금주(냉정)에 반대되는 것으로 음식과 마시는 것에 대한 비정상적인 식욕을 가리킨다.

gluttony (gula). Gluttony is an inordinate appetite for food and drink, as opposed to the virtues of abstinence and sobriety.

(5) 색욕, 쾌락. 색욕은 성행위에 대한 부적절한 욕심을 가리킨다.

lust (luxuria). Lust is the inordinate appetite for sexual activity.

(6) 분노. 분노는 온유함과 유순함의 반대이다. 그리고 분노는 복수에 대한 비정상적인 욕심으로 정의할 수 있다.

anger (ira). Anger is the opposite of gentleness or mildness, and may be defined as an inordinate appetite for revenge.

(7) 절망. 절망은 하나님의 선과 은혜와 우호(우정)에 대한 반대이다. 절망은 하나님의 사랑을 거절하는 것이다.

despair (acedia). Despair is an opposition to the face of the goodness, grace, and friendship of God. It is a rejection of the love of God.

- 편저자 옮김

내 잘못입니다

여수 제일교회를 한평생 섬기시고 원로목사로 은퇴하신 정성규 목사님의 증언이시다. 정 목사님께서 목회자로서는 경상도 상주에 위치한 어느 교회에서 처음 부흥 사경회를 인도하시게 되었다. 어느 날 그 교회의 장로님이신 장 장로님 댁에서 식사 대접을 받았다. 그런데 그 집의 며느리가 밥상을 잘 차린 후 큰 밥상을 혼자 가지고 오다가 문턱에 걸려 강사이신 정 목사님 앞에서 넘어지고 말았다. 며느리는 당황해 하면서 "아버님, 제가 좀 더 조심해야 하는데 이런 큰 잘못을 저질렀습니다. 이 큰 잘못을 용서해 주십시오"라고 어쩔 줄 몰라 하면서 용서를 구했다. 그 때 밥상 엎어지는 요란한 소리를 듣고 밖에서 일하다가 달려온 시어머니께서 며느리의 등을 쓰다듬으면서 "애야, 이 잘못은 네 잘못이 아니요 내 잘못이다. 내가 이 큰 밥상을 너와 함께 옮겨야

하는데 너 혼자 옮기도록 했으니 이 잘못은 내 잘못이다"라며 며느리를 위로했다. 그 때 장 장로님께서 "잘못의 소재로 말할 것 같으면 이 모든 것은 내 잘못입니다. 목사님, 내가 목수 아닙니까? 작년에 이 집을 지었는데 집 문턱이 높다 높다 하면서 아직 고치지 못했습니다. 내가 집 문턱을 낮게 고쳤더라면 이런 일이 발생하지 않았을 터인데, 고치지 않아서 그렇게 되었습니다. 이 잘못은 내 잘못입니다"라며 모든 잘못을 자기의 잘못으로 돌렸다.

이 대화를 들으면서 정 목사님은 "이 가정이야말로 진정으로 기독교인 가정이구나"라고 생각했다. 참으로 아름다운 가정의 모습이다.

- 정성규 목사 증언
송파제일교회 저녁예배 설교시 2006. 6. 4.

의인 출입 금지 구역

교회는 죄인이 출입하는 곳이지, 의인에게는 출입 금지 구역이다. 천국은 죄 없는 사람이 들어가는 곳이 아니오, 죄를 회개한 사람이 들어가는 곳이다. 지옥은 죄 많은 사람이 들어가는 곳이 아니오, 죄를 짓고도 회개할 줄 모르는 사람이 들어가는 곳이다. 사모하는 자에게 은혜를 주시고, 회개하는 자에게 죄 사함을 주시며, 믿는 자에게 구원을 주시고, 기도하는 자에게 능력을 주시고, 봉사하는 자에게 상급을 주신다.

- 정성규 목사 증언
송파제일교회 저녁예배 설교시 2006. 6. 4.

세상에서 가장 아름다운 거짓말

"아빠, 내가 정말 톈안먼(天安門)에 왔네요!" 한 소녀
가 장중하게 울려 퍼지는 중국 국가 속에 오성홍기가 서
서히 올라가자 미소를 지으며 힘겹게 오른손을 올려 국
기에 경례를 했다. 곁에 서 있던 아버지는 소리 없이 눈
물을 훔치며 경례를 하는 딸의 오른손을 붙잡아 주었
다.

뇌종양으로 죽음을 앞둔 8세 소녀의 마지막 소원을
들어주기 위해 2006년 3월 22일 지린(吉林) 성 창춘(長
春) 시 공공 관계대 운동장에서 2,000여 명의 창춘 시민
들이 톈안먼 국기 게양식을 연출한 사연이 보도돼 중국
인들이 감동의 물결에 휩싸였다.

지린 성 주타이(九台) 시 루자(盧家) 초등학생인 주
신웨(侏欣月) 양은 지난해 10월 체조 시간에 갑자기 쓰
러졌다. 뇌종양이라는 진단이 나왔다. 아버지 주더춘

(朱德春, 43세) 씨는 딸의 병을 고치기 위해 대도시인 창춘으로 나왔지만 딸의 병은 점점 깊어져 올 1월에는 시력까지 잃었다.

평소 국가 게양 장면을 좋아했던 주 양은 병석에서 "베이징(北京) 톈안먼 광장에서 오성홍기가 게양되는 장면을 보고 싶다"는 소망을 말했다. 주 씨는 딸을 데리고 베이징에 가려 했지만 의사는 "머리에 물이 찬 상태라 무슨 일이 생길지 모른다"고 장거리 여행을 반대했다. 주 씨 부녀의 안타까운 사연이 주변에 알려져 현지 신문인 청스(城市) 만보에 소개되자 시민들은 창춘 시 공공 관계대에 가짜 톈안먼을 만들기로 했다.

'톈안먼' 연출에는 둥베이(東北) 사범대 학생들이 주축으로 나섰다.

22일 오전 9시 버스 한 대가 주 양을 태우고 '베이징'으로 출발했다. 대학생들은 안내원과 승객들로 가장해 같은 버스에 탔다. 가는 도중 배역을 맡은 '안내원'은 "선양(瀋陽)에 도착했습니다." "베이다이허(北戴河)를 통과했습니다"라고 안내 방송을 했다.

오후 1시 버스가 '베이징'에 들어서자 '경찰'이 차를 세웠다. 베이징어를 공들여 연습한 경찰은 "외지 차량은 들어갈 수 없다"고 유창하게 말했다.

주 양은 버스에서 내려 119번 공중 버스로 갈아타야 했다. 버스에는 왕푸징(王府井, 톈안먼 광장 근처 번화가) 가는 길을 묻는 외국인, 서툰 남방 사투리를 쓰는 '외지인'들이 타고 있었다.

오후 1시 30분. 주 양이 탄 버스가 창춘 시 공공 관계 대 운동장의 톈안먼 광장에 도착했고 학생 의장대의 국가에 맞춰 오성홍기가 하늘 높이 올라갔다. 국가 연주가 끝나고 한 '인민해방군 의장대원'이 주 양에게 다가서자 그녀는 힘겨운 목소리로 "아저씨 고생 많으시네요"라고 속삭였다. '중국판 마지막 잎 새'는 그렇게 연출됐다.

- 베이징 황유성 특파원
동아일보 2006. 3. 27.

 무재칠시

어떤 이가 석가모니를 찾아가 대화를 나눴다.

"저는 하는 일마다 제대로 되는 일이 없으니 이 무슨 이유입니까?"

"그것은 네가 남에게 베풀지 않았기 때문이니라."

"저는 아무것도 가진 것이 없는 빈털터리입니다. 남에게 줄 것이 있어야 주지 뭘 준단 말입니까?"

"그렇지 않느니라. 아무 재산이 없더라도 줄 수 있는 일곱 가지는 있는 법이다."

첫째는 화안시(和顔施)다. 얼굴에 화색을 띠고 부드럽고 정다운 얼굴로 남을 대하는 것이오.

둘째는 언시(言施)다. 말로써 얼마든지 베풀 수 있으니 사랑의 말, 칭찬의 말, 위로의 말, 격려의 말, 부드러운 말 등이다.

셋째는 심시(心施)다. 마음의 문을 열고 따뜻한 마음을 주는 것이다.

넷째는 안시(眼施)다. 호의를 담은 눈으로 사람을 보는 것처럼 눈으로 베푸는 것이오.

다섯째는 신시(身施)다. 몸으로 때우는 것으로 남의 짐을 들어준다거나 일을 도우는 것이오.

여섯째는 좌시(座施)다. 자리를 내주어 양보하는 것이오.

일곱째는 찰시(察施)다. 군이 묻지 않고 상대의 속을 헤아려서 도와주는 것이다.

"네가 이 일곱 가지를 행하여 습관이 붙으면 너에게 행운이 따르리라."

석가의 무재칠시에 대한 가르침이다.

주말과 추석 연휴에 되새겨 볼 만한 글귀라 여겨 옮겨 보았다.

- 조영탁

* 비록 성경을 근거로 한 교훈은 아니지만 삶을 풍요롭게 하는 내용이므로 묵상할 필요가 있다.

The Purpose-Driven Life

1. It's not about you.
2. You are not an accident.
3. Everyone's life is driven by something.
4. This life is not all there is.
5. The way you see your life shapes your life.
6. Life on earth is a temporary assignment.
7. It's all for him.
8. You were planned for God's pleasure.
9. The smile of God is the goal of your life.
10. The heart of worship is surrender.
11. God wants to be your best friend.
12. You are as close to God as you choose to be.
13. God wants all of you.
14. God is real, no matter how you feel.
15. You were formed for God's family.
16. Life is all about love.

17. You are called to belong, not just believe.
18. Life is meant to be shared.
19. Community requires commitment.
20. Relationships are always worth restoring.
21. It is your job to protect the unity of your church.
22. You were created to become like Christ.
23. God wants you to grow up.
24. The truth transforms us.
25. God has a purpose behind every problem.
26. Every temptation is an opportunity to do good.
27. There is always a way out.
28. There are no shortcuts to maturity.
29. You were put on earth to make a contribution.
30. You were shaped to serve God.
31. Only you can be you.
32. God deserves your best.
33. We serve God by serving others.
34. Service starts in your mind.

35. God loves to use weak people.

36. You were made for a mission.

37. God has given you a Life message to share.

38. The Great Commission is your commission.

39. Blessed are the balanced; they shall outlast every one.

40. Living on purpose is the only way to really live.

- Summarized from The Purpose-Driven Life

by David E. Tate

왜 하와를 아담의 옆구리에서

"그 여자는 아담 옆구리의 갈빗대로 창조되었다. 여자는 남자를 다스리지 못하도록 남자의 머리에서 만들지 않았으며, 남자에 의해 짓밟히지 않도록 남자의 발에서 만들지 않았고, 남자와 동등하게 되도록 남자의 옆구리에서 만드셨다. 남자의 보호를 받을 수 있도록 남자의 팔 밑 옆구리에서 창조되었다. 그리고 남자의 심장에 가까운 곳에서 만드시므로 그의 사랑을 받게 하셨다."

- 편저자 옮김

"The woman was made of a rib out of the side of Adam; was not made out of his head to rule over him, nor out of his feet to be trampled upon by him, but out of his side to be equal with him, under his arm to be protected, and near his heart to be beloved."

- Matthew Henry
Commentary on the Whole Bible

대인관계 지능을 높이자

IQ와 EQ라는 말이 있다. 그런데 대인관계 지능이란 것도 있다. 심리학자 머나 B 슈어 박사는 "아이의 관계 지능은 10살 전에 결정 된다"에서 부모의 유형을 완력형, 제안형, 설명형, 유도형으로 구분하고 가장 좋은 유형이 유도형이라고 말한다. 주일 아침 8시에 친구에게 전화하겠다고 우기는 아이에게 부모가 반응하는 경우를 보자.

· 완력형: 정말 대책이 안 서는구나. 지금 전화 하지 말라고 했잖니!

· 제안형: 친구는 아직 자고 있을 거야. 나중에 전화 하렴.

· 설명형: 전화해서 친구를 깨우면 그 애는 네게 화를 낼 거야.

• 유도형: 네가 전화해서 친구를 깨우면 그 애 기분이 어떨 것 같니? 혹은 지금 친구한테 전화하기 좋은 시간이니, 아니니?

부모가 유도형의 말을 함으로 아이에게 생각하는 방법을 배우게 할 수 있다.

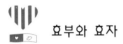 효부와 효자

효부가 난 가정은 모든 사람이 화목하고 기쁘지만 효
자가 난 가정은 여러 사람이 많은 상처를 받는다.

- 박병식 목사

송파제일교회 예배시 2005. 5. 8.

선회하는 비행기의 공포

필자는 2005년 8월 13일(토)에 애틀랜타 발 델타 839편으로 15:57에 애틀랜타를 떠나 세인트루이스에 16시 34분(시차로 1시간 상실)에 도착하기로 되어 있었다. 애틀랜타를 정상으로 출발하여 세인트루이스 상공에 도착했을 때 비행기가 갑자기 1m 가량 상하로 움직였다. 승객 모두 가슴을 쓸어내리는 놀라움을 겪었다. 기장은 세인트루이스 지역에 폭풍이 지나가고 있어서 안전하게 착륙할 수 있을 때까지 공중에서 선회하며 기다리겠다고 했다. 비행기는 약 1시간 동안 세인트루이스 상공을 선회했다. 그런데 지상 상태가 호전되지 않고 연료가 바닥이 나서 우리가 탄 비행기는 켄터키 주의 루이빌로 가서 주유 공급을 받아야 했다. 기장은 주유를 받고 다시 세인트루이스로 오겠다고 통보하고 비행기는 루이빌로 가서 주유를 했다. 우리가 탄 비행기는 다시 기류를 타고(air borne) 세인트루이스 상공까지 왔으나 지상에 또 하나의 작은 폭풍이 지나가고 있어서 다시 20~30분을 공중에서 선회할 수밖에 없었다. 악천후이긴 했으나 착륙 허가가 나서 겨우 세인트루이스 공항에 착륙했다. 착륙 즉시 누가 말한 것도 아닌데 모든 승객이 박수를 쳤다. 이번 경험으로 느낀 점은 기착할 수 없는 비행기는 아무리 편할지라도 아무 소용이 없고, 기항할 수 없는 호화선은 염려 덩어리일 수밖에 없음을 깨달았다.

- 편저자

백범 선생과 위대한 어머니

    한국 근대 역사에서 가장 위대한 인물은 백범 김구 선생이라는 데 이견이 없을 것이다. 조국의 독립과 자유, 통일에 순수하고 사심 없이 산 사람은 의외로 적다. 위대한 인물의 배후에는 위대한 어머니가 꼭 있기 마련인데 김구 선생의 어머니 곽낙원 씨의 경우도 예외가 아니었다.

    곽낙원 씨는 일자무식 황해도 두메산골 아낙이었다. 그런데도 김구를 몸으로만 낳은 게 아니라 아들을 뜻으로 키운 것이다. 인천 객주 박영문의 집에서 식모살이, 침모살이로 품을 팔아 아들의 옥바라지에 나섰고 감옥에 있는 아들을 면회할 때 일본 간수 앞에서 그녀는 태연하게 "나는 네가 경기감사 한 것보다 더 기쁘게 생각한다"고 말하였다.

    사형수 아들이 죽을 날만 기다리고 있을 때 그녀는

아들 앞에서 절망을 터럭만큼도 내보인 일이 없었다고 한다. 김구 선생께서 하루는 상해에서 독립운동을 하실 때 밤늦게 귀가하다가 어두운 골목에서 중국 사람들의 쓰레기통을 뒤지는 한 노파를 발견하고 가까이 가 보니 어머니 곽낙원 씨였다. 억장이 무너지는 순간이 아닐 수 없었다. 김구는 어머니 하면서 통곡을 하였다. 이때 곽낙원 씨는 정색을 하면서 아들에게 종아리를 때렸는데 그때 김구 선생의 나이가 57세였으며 마지막으로 때리는 종아리였다. "나라 잃은 대장부가 아무 때나 눈물을 흘려서야 되겠느냐?" 하며 임시정부의 주석을 때린 것이다.

백범이 59세 때 76세의 백발 어머니는 "자네 듣게나 이제부터 너라고 부르지 아니하고 자네라 하겠네, 앞으로는 혹시 자네가 잘못한 일이 있더라도 말로는 책할지언정 종아리는 때리지 않겠네. 자네가 군관학교 세우고 청년들을 교육한다니 자랑스럽기 짝이없네. 어미로서도 그 체면을 보아주어야할 것 아닌가" 하였다. 김구의 어머니는 큰 스승이었다.

어머니의 생신날을 잡수게 하려고 김구는 젊은 동지들과 함께 돈을 거두었다. 이 사실을 알아챈 곽낙원 씨는 "얼마나 고마운지 모르겠네, 내 일생이 빛나겠네, 그런데 내 부탁 하나 있는데 그걸 그냥 돈으로 줄 수 없나? 그러면 내가 먹고 싶은 것을 실컷 장만할 테니……"라고 한 다음 그 돈을 받아냈다. 그녀의 생일날이 오자 그녀는 아들과 동지들 앞에 그 돈으로 산 단총 두 자루를 내놓으며 "생일 축하 한 셈으로 이 단총 두 자루를 독립운동에 써주게"라고 말한 그런 어머니였다.

위대한 인물 뒤에는 위대한 어머니가 있었다. 백범 선생의 굽힐 줄 모르는 기상, 민족을 사랑하는 정의의 힘은 어머니 곽씨 부인의 힘줄을 이어받은 것이라고 시인 고은은 썼다.

이런 어머니 어디 없는가?

- 이용원 목사

3부

지혜의 이야기

삶을 살찌게 하는 말씀들_하나

당신이 삶의 일상의 일들을 비상한 방법으로 할 수 있으면 당신은 세상의 관심을 끌 것이다.

When you can do the common things of life in an uncommon way, you will command the attention of the world.

- George Washington Carver

모든 사람은 자신의 경험의 죄수이다. 아무도 편견을 제거할 수 없다. 그것을 인식하지 못 할 뿐이다.

Everyone is a prisoner of his own experiences. No one can eliminate prejudices just recognize them.

- Edward R. Murrow

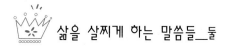

산 자의 땅이 있고 죽은 자의 땅이 있다. 그리고 그
둘을 잇는 다리는 사랑이다.

There is a land of the living and a land of the
dead, and the bridge is love.

- Thornton Wilder

당신이 승진할 때 만난 사람들에게 좋게 대하라. 왜
냐하면 당신이 좌천당할 때 그들을 만날 수 있기 때문이
다.

Be nice to people on your way up because you
might meet' em on your way down.

- Jimmy Durante

양심은 누군가가 우리를 지켜보고 있다고 경고하는
내적 음성이다.

Conscience is the inner voice that warns us
somebody may be looking.

- Henry Louis Mencken

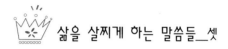 삶을 살찌게 하는 말씀들_셋

갓난아이는 세상이 계속되어야 한다는 것을 가르치는 하나님의 생각이다.

A baby is God's opinion that the world should go on.

상상력이 지식보다 더 중요하다.

Imagination is more important than knowledge.

총은 자신을 향해 발사되었으나 총알을 맞지 않은 것만큼 기분 좋은 것은 세상에 아무것도 없다.

Nothing in the world is so exhilarating as to be shot at without result.

- Winston Churchill

삶을 살찌게 하는 말씀들_넷

만약 나의 남편이 자신의 그림 속의 여인들과 같은 여인을 거리에서 만난다면, 그는 기절할 것이다.

If my husband ever met a woman on the street who looked like the women in his paintings, he would faint.

- Mrs. Pablo Picasso

미국 사람들은 대다수 현재 종교가 미국 내에서 공격을 받고 있다고 느낀다. 학교나 백화점이나 공공 전시물에서 종교성은 세속에 의해 대치되고 있다.

Americans, by a clear majority, feel that religion is "under attack" in America. From schools, to department stores, to public display, more and more the religious is being replaced by the secular.

- Bobby Eberle

# Abraham Lincoln's Proclamation

"It is the duty of nations as well as of men to owe their dependence upon the overruling power of God; to confess their sins and transgressions in humble sorrow, yet with assured hope that genuine repentance will lead to mercy and pardon; and to recognize the sublime truth, announced in the Holy Scriptures and proven by all history, that those nations are blessed whose God is the Lord. We know that by His divine law, nations like individuals, are subject to punishments and chastisements in this world. May we not justly fear that the awful calamity of civil war which now desolates the land may be a punishment inflicted upon us for our presumptuous sins; to the needful end of our national reformation as a whole people? W have been the recipients of the choicest bounties of heaven; we have been preserved these many years in peace and prosperity; we have grown in numbers, wealth and power as no other nation has ever grown. But we have forgotten God. We have forgotten the gracious hand which preserved us in peace and multiplied and enriched and strengthened us, and we have vainly imagined, in the deceitfulness of our hearts, that all these blessings were produced by some superior wisdom and virtue of our own. Intoxicated with unbroken success we have become too self-sufficient to feel the necessity of redeeming and preserving grace, too proud to pray to the God that made us." "It has seemed to me fit and proper that God should be solemnly, reverently, and gratefully acknowledged, as with one heart and one voice, by the whole American people. I do therefore invite my fellow citizens in every part of the United States, and also those who are at sea and those who are sojourning in foreign lands, to set apart and observe the last Thursday of November as a day of Thanksgiving and praise to our beneficient Father who dwelleth in the heavens."

- Abraham Lincoln for Thanksgiving Day in 1863

Abraham Kuyper's Famous Quote

인간 삶의 모든 영역 가운데 일 인치 평방미터도 주권자이신 그리스도께서 "저것은 내 것이다" 라고 선포하지 않는 것이 없다. 교회가 어떤 주제에 관해 침묵을 지킬 때, 우리는 그리스도에게 속해서 그리스도의 관리를 받아야 할 그 곳을 포기하고, 영향력과 정당한 권위를 우리의 소심성 때문에 중지하게 되는 것이다.

"In the total expanse of human life there is not a single square inch of which the Christ, who alone is sovereign, does not declare,' that is mine!'"

When the Church goes silent in any topic we surrender that ground, yielding control of that which belongs to Christ, ceding influence and rightful authority simply because we are shy.

- 편저자 옮김

한국의 교육정책

한국 공교육을 보면 공장과도 같다. 반복을 하고 암기를 하고 정해진 스케줄에 따라 등교를 하고 하교를 하는 것이다. 마치 공장 근로자들을 생산하기 위한 공장과 같은 기능을 학교가 하고 있는 셈이다. 그렇지만 앞으로 나가는데 있어 이건 바람직한 방법이 아니다. 동질성을 강조하는 교육이 아닌 이질성을 강조하는 그런 교육이 필요하다. 학생을 보다 개인으로서 대우해 줘야 하고 혁신성과 창조성을 키워줘야 한다.

덧붙여 한국의 경제를 진단해보면 버블 경제라는 부작용은 겪고 있다고 할 수 있다. 소수 대기업들에 대한

의존도가 너무 높아졌다는 이야기다. 내가 독창적으로
내놓는 아이디어는 아니지만 중소업체를 육성할 필요
가 있고 이에 대비한 인재 육성과 인재 공급이 이뤄져야
한다.

- 미래학자 앨빈 토플러 박사

미래한국 166호 2005. 9. 17.

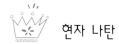

현자 나탄

　레싱은 독일의 극작가이자 사상가였다. 그는 계몽주의 시대에 신학계에도 많은 영향을 미친 사람이다. 그의 작품 '현자 나탄'에서 유대인 나탄이 말하는 '반지의 비유'가 인상적이다.

　"한 동방의 왕가가 오팔 반지를 갖고 있었습니다. 왕들은 대대로 가장 덕이 높은 아들에게 그 반지를 물려주었죠. 그런데 문제가 생겼습니다. 한 왕이 복제품 반지를 두 개 만들어 세 아들에게 하나씩 반지를 물려주었던 거죠. 사람들은 어느 반지가 진짜인지 밝혀야 한다고 생각했습니다." 그래서 재판관이 현명한 결정을 내렸습니다. "대대로 덕이 높은 후계자가 반지를 소유해 왔으므로, 세 명의 아들은 각각 자신의 행실을 통해 진정한 반지의 주인이 자신임을 입증해야 한다는 것이었습니다."

- Gotthold E. Lessing (1729-1781)

겸손의 야구 철학

요즈음 한국의 화제는 월드 베이스볼 클래식이다. 그 이유는 야구 변방 팀으로 여겼던 한국 야구팀이 일본 팀, 미국 팀, 멕시코 팀 등을 이기고 4강에 진출했기 때문이다. 그런데 이런 승리 뒤에는 덕장 김인식 감독이 있었다. 한국 야구의 철학을 묻는 기자들의 질문에 김 감독은 "철학이랄 것까지는 없지만……, 약한 상대 만나면 더 긴장하고 강한 상대 만나면 맘 편히 부담 없이 하는 거지"라고 대답했다. 그런데 2006년 3월 19일 일본과의 3차전에서 6대0으로 진 한국 팀에 대해 3월 20일 (월)자 경향신문은 큰 제목을 부쳐 "진정한 승자는 한국"이라고 평했다.

그렇다. 강적 일본을 두 번이나 이기고 세 번째 졌기 때문에 그런 평을 할 법도 하다. 그러나 같은 신문에 김인식 감독은 "7번만에 처음 졌어도 패배는 패배"라고 겸손한 말을 했다. 김 감독의 이런 겸손이 한국 팀을 4강으로 이끈 것이다.

- 편저자

장수를 위한 삶의 비결

1. 일무(一無)

　　무 담배(담배 피지 말 것)

2. 이소(二小)

　　(1) 소식(小食) 음식을 적게 먹을 것

　　(2) 소량(小量) 술을 적게 마실 것

3. 삼다(三多)

　　(1) 다동(多動) 많이 움직일 것(운동)

　　(2) 다휴(多休) 많이 쉴 것

　　(3) 다접(多接) 사람을 많이 만날 것

 멋있는 은퇴

빌 게이츠(2006년 51세) 마이크로소프트 회장이 2006년 6월 15일 중요한 계획을 발표했다. 그는 지금까지 마이크로소프트가 본업이고 빌 앤 멜린다 게이츠 재단이 부업이었지만 앞으로 2년 뒤인 2008년 7월부터는 그 우선순위가 바뀔 것이라고 선언한 것이다. 빌 게이츠는 이제 '소프트웨어 황제'에서 '자선사업 황제'로 삶의 방향을 바꾼다. 빌 게이츠는 세계 제일의 부자이다. 빌 게이츠는 하버드 대학을 중퇴한 뒤 혁신적인 아이디어로 세계 최고의 갑부가 된 뒤 10년 넘게 그 자리를 지켰다. 지난 30년을 마이크로소프트를 위해 자기 인생을 바쳤는데 이제는 '빌 앤 멜린다 게이츠 재단'을

통해 자선사업을 하겠다는 것이다. 그는 내성 결핵환자, 말라리아, 에이즈 퇴치 등을 위해 노력할 것이다. 그의 이런 헌신으로 세상은 좀 더 살기 좋은 곳이 될 것이다.

- 편저자

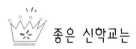 좋은 신학교는

믿음은 자라고

　Where Faith Grows.

성격은 개발되고

　Where Character develops.

마음은 확장되고

　Where Minds expand.

삶은 변화되고

　Where Lives change.

사람들이 행동하는 곳

　Where People act.

가장 중요한 일 세 가지

나에게 가장 중요한 일

             - 지금 하고 있는 일

나에게 가장 중요한 사람

             - 지금 만나고 있는 사람

나에게 가장 중요한 때

             - 바로 지금

                    - 톨스토이(1828-1910)

 기도의 날개

　새의 날개가 잘 준비되지 않으면 새가 날아 갈 때 날개 자체가 짐이 되지만 날개를 잘 준비하면 새를 멀리 날 수 있게 한다. 기도도 마찬가지이다. 기도가 잘 되지 않으면 기도 자체가 짐이 되지만 기도는 기도하는 사람을 잘 움직여 간다.

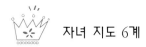

자녀 지도 6계

첫째, 말 안 듣는 자녀에 대한 반감을 버려라.

부모는 자녀로부터 종종 무시당하는 느낌을 받지만 정작 사춘기 자녀들은 부모를 무시한다기보다 자기 맘대로 하는 자율성과 힘을 얻고 싶어서 부모를 시험한다는 것이다. 이런 특성을 이해하고 감정을 다스려야 한다.

둘째, 규칙을 확고하게 세워라.

자녀가 규칙을 지키지 않았을 때의 처방과 지켰을 때의 보상이 동일하게 제시돼야 한다.

셋째, 부부가 일치된 교육 태도를 보여라.

부부간의 의견 불일치는 부모의 권위를 손상시킨다. 집안에 문제가 많으면 십대는 가정불화를 자신의 불량

한 행동을 합리화하는 빌미로 삼기도 하기 때문이다.

넷째, 엄격과 사랑을 조화시켜라.

부모의 자녀 교육에 대한 철학이나 태도가 판이하게 다르면 엇나가는 아이들은 그 차이점을 이용하려 한다.

다섯째, 칭찬은 그때그때 하고 훈계는 몰아서 하라.

십대는 즉각적인 재미와 만족을 추구하는 특징이 있으므로 보상과 칭찬을 즉시 해야 한다. 그러나 훈계는 몰아서 해야 한다. 특히 과거 잘못은 다시 들추지 말고 인격에 대한 부정적인 평가는 금물이며 잘못된 행동에 대해서만 말하라.

여섯째, 좋은 감정을 쌓아야 한다.

부모와 많이 다툰 아이일수록 서로 쌓인 부정적인 감정 때문에 좋은 감정을 갖기 어렵다. 하지만 부모가 먼저 손을 내밀어야 한다. 산책이나 쇼핑, 외출시간을 통해 의도적으로 다가서야 한다. 자녀가 처음엔 부모의 행동을 거절해도 결국 지난날의 아픔을 잊고 관계를 회복할 수 있다.

- 황지성 정신보건 사회복지사

국민일보 2004. 11. 12.

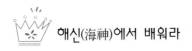 해신(海神)에서 배워라

백제 유민인 설평이 이끄는 상단은 원칙과 신용을 중시하는 의상(義商)인 반면, 고구려 유민인 이도형의 상단은 수단과 방법을 가리지 않는 간상(奸商)이다. 인재 발굴과 명분에 최고 가치를 두는 설평의 경영 기법은 오늘날에도 시사하는 바가 크다.

1. 수확을 늘리려면 좋은 종자를 써라.

• 인재 발굴에 투자 : 설평 상단은 소금 한 섬을 달포(한 달 남짓) 동안 팔아 이문을 남기는 일꾼들을 채용한다. 당시 소금은 값이 비쌌다. 지원자 10명 중 4명은 소금을 갖고 종적을 감춘다. 나머지 6명은 이문을 갖고 돌아오지만 4명이 가져간 소금은 손실인 셈이다. 그래도 설평은 의연하다. "장사란 혼자서 할 수 없다. 수확을

늘리려면 좋은 종자를 써야지."

2. 운 좋게 번 떼돈은 실패보다 못하다.

• 과정을 중시하는 평가 시스템 : 설평은 운 좋게 번 떼돈보다 실패하더라도 훌륭한 경영전략을 높이 평가한다. 비단 매입을 위해 당나라 유주(幽州)로 간 두 상단. 이도형 상단은 열흘 일찍 도착해 비단 사재기에 나선다. 뒤늦게 도착한 설평 상단은 폭등한 비단 값에 난감 했으나 유주의 절도사가 갑자기 죽어 비단 값은 폭락한다. 설평 상단은 이문을 크게 남긴다.

3. 목전의 이익을 위해 명분 없는 길에 서지 말라.

• 목전 이익보다 명분 고수 : 이도형 만큼이나 간상인 자미부인도 당나라로 건너와 설평과 이도형에게 밀무역을 제안한다. 이도형은 "호랑이 등에 올라타면 단숨에 천리를 갈 수 있다"며 흔쾌히 허락하지만 설평은 거

절한다. "목전의 이익을 위해 원칙을 저버릴 순 없지."
설평이 손해를 보면서도 명분을 중시하는 이유는 나중
에 더 큰 이문으로 돌아오리라는 믿음 때문이다.

- 이진영 기자

동아일보 2005. 2. 17.

잘 듣는 자가 말을 잘한다

해리 트루먼(Harry Truman) 대통령이 군 개혁에 관한 일로 공군 참모총장을 백악관으로 불렀다. 회의할 때 말하는 사람은 트루먼 대통령이었고 공군 참모총장은 듣기만 하면서 그저 반응만 보였다. 회의가 끝나고 공군 참모총장이 방을 나서자 트루먼 대통령은 배석했던 비서에게 공군 참모총장은 대단히 말을 잘하는 사람이라고 평했다. 그러자 비서가 "대통령 각하, 공군 참모총장은 듣기만 하고 말은 전혀 하지 않았는데 어떻게 말을 잘한다고 말씀하십니까"라고 질문했다. 그 때 트루먼 대통령이 듣기를 잘하는 사람은 말을 잘하는 사람이라고 대답했다.(Good listener is a good speaker.) 트루먼 대통령은 지도자를 가리켜 "사람들로 하여금 하고

싶지 않은 일을 하게 하고 그 일을 좋아하도록(!) 만들
수 있는 사람"이라고 정의했다. 지도하는 일은 사람 지
향적인 일이다.

- 편저자

 몸 관 리

우리 민족의 스승의 한 분인 율곡 이이(1536~1584)는 어머니 사임당 신씨에게서 학문을 배웠고 13세에 진사 초시에 합격했다. 그는 대학자로서 젊은이들을 교육하기 위하여 「격몽요결」(擊蒙要訣)이란 책을 썼는데, 모두 10장으로 되어 있다. 그 중 지신(持身) 장에서, 몸가짐에 힘써야 할 것을 구용(九容)으로 요약했는데, 나의 대학 은사 안병욱 교수는 이렇게 간략하게 설명했다.

1. 족용중(足容重) : 발은 무겁게 놀려야 한다.
2. 수용공(手容恭) : 손은 공손하게 놀려야 한다.
3. 목용단(目容端) : 눈은 단정하게 떠야 한다.
4. 구용지(口容止) : 입은 다물고 있어야 한다.
5. 성용정(聲容靜) : 목소리는 조용하게 내야 한다.
6. 두용직(頭容直) : 머리는 곧게 가져야 한다.

7. 기용숙(氣容肅) : 기분은 엄숙하게 가져야 한다.

8. 입용덕(立容德) : 서 있는 것은 덕스럽게 똑바로 서야 한다.

9. 색용장(色容莊): 얼굴빛은 씩씩하게 가져야 한다.

몸은 깨끗하고 예의와 품위가 있어야 한다. 몸에서 나쁜 냄새가 나고 태도가 조잡하면, 하나님께서 주신 몸만이 아니라 하나님을 욕되게 하는 것이다. 다니엘은 생명 관리를 잘해서 하나님께 영광을 돌렸다(단 1:15).

- 손영혼 목사
광주양림교회

 감성 리더십

1. 신뢰성 - 언행에 신뢰성을 주고 일관성 있는 모습을 보여준다.

2. 신중성 - 리더는 신중하고 상대를 배려하는 덕목을 갖추어야 한다.

3. 참여성 - 리더는 힘든 상황에서 지시나 명령을 하기보다 함께 고민하며 참여하는 모습을 보여 준다.

4. 동기성 - 리더는 비전과 희망을 주는 동기 부여를 할 수 있어야 한다.

5. 감성력 - 아랫사람을 먼저 챙겨주고 어려운 상황에 처해 있을 때 따뜻하고 관심 어린 리더의 언행은 일터를 활기찬 곳으로 만들 수 있다.

- 정혜전
피앤티 컨설팅 대표이사

 # Ten Ways To
Worship Without Music

Worship through music is only a small portion of true, biblical worship.

Everything you do can - and should - be an act of worship, reflecting the process of surrendering your entire life into God's hands.

Here are ten habits you can build into your people as you teach them the fullness of worship:

1. Worship through prayer. We often miss this important component of our prayer life. Think about the issues you usually pray about. How much of your prayer life is about you and how much of it is about God?

Without a doubt God wants us to be able to share everything that is going on in our life, but he also wants us to get to know Him better.

When we affirm who God is through our prayers, we put our prayer life in proper perspective. That's exactly how Jesus taught us to pray.

Look at the Lord's Prayer in the Gospel of Matthew(6:9-13); Jesus starts the prayer off by saying, "Our Father who is in Heaven, May your name be honored." (NLT)

Jesus teaches us an important lesson with this prayer. Prayer starts with God. Consider including in your prayers a time of focused attention on who God is.

2. Get in a regular habit of reading the Bible. The Bible says that we worship God in "spirit and in truth." How can we ever worship God without a clear understanding of who He is?

The truth about God is essential to worship. Pay special attention to the book of Psalms. No book in the Bible spends as much time carefully describing who God is.

3. Obey God. Rick Warren mentions in The

Purpose Driven Life that we worship God when we obey Him. We all need to build the habit of obedience into our lives.

Take practical steps to see that this is a part of your life. Whenever you sense God is speaking to you, make it a regular practice to respond immediately.

Don't let procrastination weigh you down. If you can't do it immediately, write down whatever God has been putting on your heart, so that you can do it SOON!

4. Tithe. If you want to know what you really worship in your life, look in your checkbook. The Bible teaches us this important lesson: "For where your treasure is, there your heart will be also." (Matthew 6:21, NIV)

God wants us to surrender our entire being to Him. One way to show that is by making Him Lord of our pocketbook.

5. Build deep relationships with other Christians. The Bible teaches that God designed us to live in community with other Christians. We bring God pleasure by getting to know others and being known by them. At Saddleback, the primary way we do this is through small groups.

6. Share your faith. John Piper made many of us re-look at why we share our faith when he wrote a few years ago: "Missions exists because worship doesn't."

God wants every person on the planet to worship him - not because He is an egomaniac who needs our praise - but because he designed us with a deep capacity for worship, and we're meant to worship him. To paraphrase Augustine, our Creator designed us with a God-shaped hole that only he can fill.

Take time this week to share your spiritual journey with someone else. Tell them how you came to faith in Christ. Don't worry about their response.

Relax in the knowledge that you are playing a part in expanding God's world-wide worship.

7. Serve others. Jesus tells us that "when you did it to the least of these my brothers and sisters, you did to me!" (Matt. 25:40, NLT)

When we serve one another, Jesus tells us we are really serving Him. If you don't think you have any gifts that are useful to serve, you are wrong. God made you with talents and gifts that He specifically gave you to serve others.

8. Build into your life the attitude of thankfulness. This requires looking at the world through a different set of eyes. When we look through the lens of thankfulness, we see our lives - and everything in it - as all gifts from God.

Develop your own spiritual exercises each morning that help you put on a lens of thankfulness. Then begin to thank God for all of the good things in your life.

9. Begin turning over to God areas of your life that you have never committed to Him. This is the heart of worship - surrender. God won't settle for 90 percent of your life; He wants all of it.

You might have been a follower of Jesus for years, but you still have areas of your life that you are holding back from Him. What are those areas? Only you know that.

Two good places to look are your checkbook and your planner. Look at the areas of your life where you spend the most money and the most time. Do they honor God?

Also, you need to keep your sin list short. Think back over the past month and write down all of the times you remember disobeying a clear teaching from God. Then look for patterns. If you find patterns of sin in your life, these are areas of your life you need to surrender to God.

10. Live a life of purpose. God has a reason for your existence. In fact, He has five: fellowship, dis-

cipleship, ministry, evangelism and worship. You please God when you live in step with His purposes. God doesn't want you to waste your life.

You were designed for God's pleasure. The purpose of worship is the foundation of the other four purposes.

* Fellowship without the spirit of worship is just "hanging out."

* Discipleship without worship is nothing but a fruitless mental exercise.

* Ministry without worship is called "spinning your wheels."

* Evangelism without worship is a misplaced sales pitch.

Worship isn't simply one area of your life; it is

your life. Start right this moment by surrendering your life to God. Then spend the rest of your life learning to worship Him more fully.

- The Manor Crier

Faggs Manor Presbyterian Church

by Tobin Perry

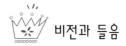 비전과 들음

요즈음 교회의 리더들은 비전을 강조한다. 그들은 비전을 따라간다. 그들은 비전을 보고 열심히 전진한다. 그러나 예수님의 사역을 보니 목사의 사역은 비전의 사역이 아니다. 들음(hearing)의 사역인 것 같다. 이것이 긍휼의 마음을 갖는 우리의 사역의 본체가 된다. 우리는 영혼의 고통을 들을 줄 알아야 한다.

- 노상헌 목사
합동신학대학원 경건회 2005. 5. 19.

좋은 것만 훔쳐 가는 사단

사단은 도적이다. 도적은 좋은 것만 훔쳐 간다. 우리들의 사랑, 기쁨, 평안을 훔쳐간다.

- 박병식 목사
주일 설교시 2006. 3. 26.

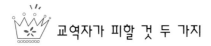 교역자가 피할 것 두 가지

돈 문제와 이성 문제이다.

이 부분에서 교역자는 관 뚜껑을 닫을 때까지는 그 사람을 잘 모른다.

- 안만수 목사
합동신학대학원 경건회 설교
김영재 교수 은퇴기념 논문 증정식 2006. 5. 25.

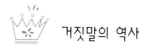

거짓말의 역사

처음에 어떤 사람이 거짓말을 했다. 그런데 방이 그 거짓말을 수용하기에는 너무 좁았다. 그래서 거짓말이 밖으로 전해질 때까지 혀는 계속 바삐 움직였다.

그런데 사람들은 그 거짓말을 듣고서 더 부풀려 이 사람 저 사람에게 전했다. 사람들은 거짓말이 부풀려질 때까지 한 번도 그 거짓말을 까먹지 않았다.

이 거짓말은 다른 사람에게 전해졌다. 나쁜 자매들과 형제들, 나쁜 아버지들과 어머니들, 흉악한 무리들에게 전해졌다.

그들은 부산하게 움직이고, 사람들을 혼란스럽게 하고, 곤란에 처하게 하고, 거짓말이 항상 그러하듯이 거짓은 더 부풀려지게 된다.

그래서 이 괴물 같은 거짓은 악한 징후와 함께 자극하여 사람을 죄와 치욕으로 폭발하게 만든다.

그 거짓들은 진흙탕에서 범벅이 되어 슬픈 거짓말쟁이를 명중할 때까지 높이 튕겨서 결국은 그의 좋은 명성을 짓밟아 버린다.

First, someone told it,
Then the room could not hold it,
So busy tongues rolled it
Till they got it outside.
Then the crowd came across it,
They stretched it and tossed it,
And never once lost it,
Till it grew long and wide.

This lie brought forth others,
Evil sisters and brothers,
And fathers and mothers,
A terrible crew.

As headlong they hurried,
The people they flurried,
And troubled and worded,
As lies always do.

So, evil it boded,
This monstrous lie goaded,
Till at last it exploded
In sin and in shame.

But from mud and mire,
The pieces flew higher
Till they hit the sad liar
And killed his good name.

- Ann Landers 제공

4부

웃음의 이야기

뛰어 내려라

독일, 영국, 프랑스, 한국 학생들이 고공 점프를 하게 되었다. 너무 높은 곳이어서 학생들이 벌벌 떨고 있었다. 독일 교관이 나서서 독일 학생에게 "명령이다. 뛰어 내려라"라고 하자 아무 말 하지 않고 뛰어내렸다. 그러자 영국 교관이 영국 학생에게 "신사라면 뛰어내려라"라고 하자 뛰어내렸다. 프랑스 교관이 프랑스 학생에게 "앞을 봐라, 얼마나 아름다운가"라고 하자 바로 뛰어내렸다. 마지막으로 한국 학생이 구석에서 벌벌 떨며 절대 뛰어내리지 않겠다고 고래고래 악을 쓰자 한국교관이 "성적에 반영된다"라고 말하자 한국 학생은 가장 멋진 폼으로 뛰어내렸다.

국회의원과 마누라의 공통점

자기는 할 일이 너무 많아서 바빠 죽겠다고 하는데, 내가 보기에는 매일 노는 것 같다.

무슨 돈 쓸 일이 그렇게 많은지 돈타령만 한다.

내가 원해서 된 사람이지만 시간이 지날수록 영 마음에 들지 않는다.

내가 자기를 좋아하는 줄로 착각하면서 산다.

자기가 하고 싶어서 하면서도 꼭 내 핑계를 댄다.

말로는 도저히 상대가 안 된다. 한마디로 말만 잘 한다.

참조: 조선시대 후기에는 '마누라' 가 최고 높임말이었다. "그동안 망극했던 일을 어찌 만리 밖에서 눈앞의 간단한 편지로 말하겠니까.

'마누라' 께서는 하늘이 도우셔서 위기를 피해 돌아갔으니 나야 어찌 귀국하기를 바라겠습니까."(1882년 고종 19년 흥선대원군이 부인에게 보낸 편지). 그러나 동아새국어사전(이기문 감수, 동아출판)은 '마누라' 를 "'아내'를 허물없이 일컫는 말." 또는 "중년이 넘은 여자를 속되게 이르는 말"로 정의한다.

며느리의 거짓말

1. "어머님 벌써 가세요. 며칠 더 계시다 가세요."

(362명)

2. "용돈 적게 드려 죄송해요. 다음엔 많이 드릴게요."

3. "어머니가 한 음식이 제일 맛있어요."

4. "전화 드렸는데 안 계시더라고요."

5. "저도 어머님 같은 시어머니가 될래요."

- 1,000명 앙케이트 평균

시어머니의 거짓말

1. "아가야, 난 널 딸처럼 생각한단다."
2. "생일상은 뭘, 그냥 대충 먹자."
3. "내가 얼른 죽어야지."
4. "내가 며느리 땐 그보다 더한 것도 했다."
5. "좀 더 자라 아침은 내가 할 테니."

- 1,000명 앙케이트 평균

시어머니와 며느리

시어머니는 며느리를
　"꼬리 백만 개,"
　"말 대답 선수,"
　"아들 조종꾼,"
　"남편만 알아,"
　"착한 척 여우"라고 생각하고,

며느리는 시어머니를
　"질투의 여신,"
　"시누교 교주,"
　"말만 딸이래,"
　"남편 본부인,"
　"속 뒤집기 왕"으로 생각한다.

"나가서 잘 먹자"

이성우 목사 가정이 외식을 할 때 아들들(이조운, 이로운)이 식사를 잘 하지 않아서 이 목사가 우리 집 가훈은 "나가서 잘 먹자" 이니 밖에서 잘 먹도록 하자라고 말했다. 그런데 아들 조운이가 다니는 학교의 선생님은 조운이에게 "너희 집 가훈이 무엇이냐"라고 묻자, 조운이는 "나가서 잘 먹자"라고 대답을 했다. 조운이의 대답에 의구심을 품은 선생님이 다시 정색을 하며 "너희 집 가훈이 진짜로 무엇이냐"라고 묻자, 조운이가 다시 "나가서 잘 먹자" 인데요 라고 대답을 해서 이 목사의 가훈이 "나가서 잘 먹자"로 퍼지게 되었다. 그 후에 이 목사는 "나가서 잘 먹자"의 가훈 외에 "자주 나가자"를 가훈으로 만들어 사용하고 있다.

- 이성우 목사로에게 직접 전해 들음
Los Angeles에 위치한 만리장성에서
윤영탁 교수와 동문들이 한 점심식사 자리 2006. 1. 28.

초대 상공부 장관과 오줌론

　대한민국 여성 국회의원 1호는 임영신(1899~ 1977)
이다. 그는 현재 흑석동 소재의 중앙대학교를 설립한
분이다. 이승만 대통령의 든든한 신임을 받아 1948년
정부 수립 때 초대 상공부 장관으로 임명됐다. 상공부
청사로 출근을 시작한 며칠 뒤 그의 운전사가 조심스럽
게 말을 건넸다. "장관님, 상공부 간부 중에는 '서서 오
줌 누는 사람들이 어떻게 앉아서 오줌 누는 사람에게 결
재를 받으러 가느냐' 며 고개를 갸우뚱하는 사람이 있습
니다요." 임영신은 즉각 직원회의를 소집했다. "나는
앉아서 오줌을 누지만 나라를 세우기 위해 서서 오줌 누
는 사람 이상으로 활동했소. 그런데도 나에게 결재를

받으러 오기 싫은 사람은 지금 당장 사표를 내시오." 다소 노골적인 이 "오줌론" 일화에는 한국 정치에서 여성이 겪는 어려움, 그리고 그것을 이겨내는 강단이 그대로 녹아 있다.

- 부형권 기자

동아일보 2006. 7. 18.

교회와 조폭 단체의 공통점

1. 윗분을 모시고 산다.

2. 단체는 서로 '형제' 라고 부른다.

3. 단체에 들어갈 때는 쉽고 나갈 때는 어렵다.

4. 배신은 곧 죽음을 뜻한다.

5. 구역을 가지고 있다.

6. 두 단체 모두 헌신을 요구한다.

- 김연수 선교사

합동신학대학원 선교주간 2005. 4. 14.

경상도 사투리의 비애

　지하철에서 한 무더기의 경상도 학생들이 사투리를 팍팍 섞어가며 떠들고 있었다. 이를 본 한 서울 학생이 그들에게 다가가 물었다.

　"저 좀 조용히 해주시겠어요?"

　그러자 한 경상도 학생이 말했다.

　"니끼가?" (이 지하철이 니꺼냐?)

　이 말을 들은 서울 학생은 조용히 고개를 숙이고 친구가 있는 곳으로 와서 말했다.

　"것 봐, 내가 일본 사람들이라고 했잖아!"

가짜 의사 적발법

가짜 의사를 적발해 낸 형사에게 포상금이 내려졌다.

"어떻게 그리 빨리 가짜라는 것을 알아냈는가?"

"아주 쉬웠죠. 그는 의사답지 않게 글씨를 알아볼 수 있도록 똑똑히 쓰더군요."

난폭 학생 길들이기

　허리를 다친 교사가 상체에 깁스를 해야 했다. 셔츠를 입으면 깁스는 전혀 눈에 띄지 않았다. 학기 첫날 아직도 깁스를 하고 있는 그에게 배정된 아이들은 학교에서 난폭하기로 이름난 학생들이었다.

　시끄러운 교실로 당당하게 들어온 선생은 창문을 활짝 열고는 바삐 수업을 시작했다. 그때 바람이 세차게 불어와 그의 넥타이가 펄럭이자 그는 스태이플러를 가지고 넥타이를 가슴팍에 고정시켰다.

　그 학기 내내 그는 학생들로 인해 골머리를 앓을 일은 없었다.

초보 의사의 첫 진찰

드디어 자기의 병원을 차리게 된 초보 의사가 진료실에서 손님을 기다리고 있었다. 한 사람이 들어왔고 초보임을 알리기 싫었던 의사는 아직 개통되지 않은 전화기를 들고 괜히 바쁜 척했다. 무려 10분씩이 넘게 전문용어를 섞어가며 전화하는 척을 한 후 환자에게 말했다.

"죄송합니다. 자문이 들어와서……어디가 아파 오셨죠?"

그러자 기다리던 사람이 말했다.

"전화 개통하러 온 전화국 직원인데요."

개미가 우는 이유

절친한 개미와 코끼리가 여행을 떠났다.

코끼리가 그만 교통사고로 죽어버렸다.

개미는 땅을 치며 통곡을 했다.

"이 큰 놈을 언제 다 묻냐고……"

도마 손가락 교회

벧엘 성경 공부를 위해 찾아 온 목사님들에게 지원상 목사님이 살아 계실 때 말씀하신 이야기이다. 한국 루터교회의 고 지원상 목사님이 살아계실 때 인도를 방문했다. 지원상 목사님은 어느 도시에서 도마 손가락 교회라는 이름을 가진 교회당을 보게 되었다. 그래서 왜 그런 이름이 붙게 되었는지 알아보기로 했다. 도마는 예수님의 부활을 의심했다. 그런데 예수님께서 도마에게 나타나셔서 "네 손가락을 이리 내밀어 내 손을 보고 네 손을 내밀어 내 옆구리에 넣어 보라 그리하고 믿음 없는 자가 되지 말고 믿는 자가 되라"(요 20:27)고 말씀하신다. 이 말씀을 들은 도마는 "나의 주시며 나의 하나님이시니이다"(요 20:28)라고 대답하고 예수님의 부활을 믿었다. 그런데 도마는 후에 인도에 가서 복음을 전하다가 순교했다. 인도에 도마의 무덤이 있었는데 몇

백 년 후에 무덤을 이장하게 되었다. 그런데 그 무덤에서 썩지 않은 손가락이 하나 남아 있었다. 그 손가락은 도마가 예수님의 상처를 만진 손가락이라고 전해 내려온다. 그래서 그곳에 "도마 손가락 교회"를 세웠다고 한다.

지원상 목사님이 도마 손가락 교회를 방문했는데 교회당 앞에 유리 박스 속에 손가락 하나를 전시하고 있었다. 그런데 그 유리 박스 속의 손가락은 가짜이고 진짜 손가락은 지하실에 잘 보관하고 있다는 말을 들었다. 지원상 목사님은 여기까지 왔는데 진짜 손가락을 안 보고 갈 수 없다고 생각하고 지하실을 찾았다. 거기에 관리인이 있어서 무조건 20불을 주었다. 관리인이 받을 수 없다고 해도 그냥 드리는 것이라고 하면서 20불을 드렸다. 그런 후 여기에 진짜 도마의 손가락이 있다고 해서 왔다고 하자 관리인이 자기를 따라오라고 하면서 그냥 잠시만 보라고 했다. 소위 진짜 손가락도 유리 박스 속에 잘 보관되어 있었다. 지원상 목사님은 슬그머니 유리 뚜껑을 열고 그 손가락을 만졌다. 그때 관리인이 큰 소리를 쳤지만 이미 만져버린 것을 어떻게 하랴.

그러면서 지원상 목사님께서 벧엘 성경 공부에 오신 목사님들에게 "내 손은 부활하신 예수님의 손을 만진 도마의 손을 만진 손입니다. 목사님들은 가실 때 나하고 악수하고 가셔야합니다. 그러면 여러분은 간접적으로 예수님의 손을 만지는 것이 됩니다"라고 말씀하셨다.

- 유명국 목사(정원교회) 전언
송파제일교회 저녁예배 설교 중 2006. 10. 8.

브라질의 거지와 천국행

   브라질의 한 도시에서 금요일에 열리는 동네 시장에 자리 잡고 구걸하는 거지에게 물었다. 당신은 왜 거지 노릇을 합니까. 그 질문에 거지는 이렇게 답했다. "내가 없으면 너희들은 하늘나라에 적선할 수가 없어."

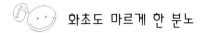 화초도 마르게 한 분노

　그 여자 분이 결혼은 했을 때, 시어머니가 한 방을 쓰기를 원했다. 그래서 그들은 한평생 한 방을 사용했다. 그런데 그 여자 분이 60세가 되었을 때는 도저히 참을 수가 없었다. 그의 시어머니는 화초 기르는 것을 좋아했다. 그 시어머니는 화초 기르는 데 전문가였다. 그런데 그 며느리가 너무 화가 나서 그 시어머니가 2주 동안 정성스럽게 기른 화초에 분풀이로 저주를 했다. 그런데 그 꽃나무가 시들기 시작하더니 3주째에 말라 죽고 말았다.

　하나님은 우리가 주의를 기울이지 않지만 우리의 본성(일생)에 영향을 미칠 만한 '말씀'을 하고 계신다. 때때로 들리지 않는 말이 들리는 말보다 다른 사람에게 더 강한 영향을 미친다. 하나님의 전공은 상담이시다.

- 편저자 옮김

* Rage of a Wife and Dried Plants

When she married, mother-in-law wanted to use one room. So, they used one room for all her married life. So, she could not stand, especially when she becomes 60 years of age. Her mother-in-law loves plants. She is an expert for glowing plants. Out of rage, the wife cursed the plants which her mother-in-law grows for two weeks. Then, the plant began to wither and on the 3rd week it dried.

God is talking "word" which, we hear so many times, might affect our being without being noticed. Sometimes non-verbal language is strongly affecting others than verbal language. His major is counselling.

보기에 따라서 다른 뜻의 야구

일본 - 野球 - 마당과 공

미국 - Baseball - 베이스와 공

중국 - 棒球 - 방망이와 공

장군과 훈련병

갓 입대한 훈련병이 어느 날 밤, 어둠 속을 뚫고 PX를 향해 뛰어 나가다가 맞은편에서 오던 사람과 부딪쳐 쓰러뜨렸다. 쓰러진 사람은 어둠 속에서 옷을 털고 일어나더니 훈련병을 노려보고 있었다. 별 두 개를 달고 있는 장군이었다. 훈련병은 새파랗게 질려 부동자세를 취했다. "너, 내가 누군지 아냐?" "네, 훈련소장님이십니다." "넌 영창 감이야." 고양이 앞에 쥐처럼 훈련병은 떨고 있었다. "소장님은 제가 누군지 아시겠습니까?" "네 깐 놈이 누군지 내가 알게 뭐냐." 훈련병은 소장의 이 말을 듣자마자 걸음아, 나 살려라하고 어둠 속으로 쏜살같이 도망쳐 버렸다.

- 편저자 옮김

*   A General and a Private

There was a private in an army training center. Being a private, he was very hungry. In a darkish evening, he was rushing to the P.X.(army grocery shop) and hit a man and the man fell down before him. When the private looked at him on the ground, there was a star shining to his eyes. The private knew immediately who he was. The man on the ground, rising from the ground, shouted at the private. "You will be court-martialed. Do you know who I am?" The private said, "Yes, Sir. You are the company commander." Then the private asked, "Sir, do you know who I am?" The company commander responded, "How could I know such a creature as you!" Hearing this response, the private swiftly ran away from the scene without looking back.

나그네 삼행시

여러분이 '나그네'로 운을 떼면 제가 삼행시를 만들겠습니다.

성도들: "나"

목사: "나는 그대들 모두를 진심으로 사랑합니다."

성도들: "그"

목사: "그대들도 나를 진심으로 사랑합니까?"

성도들: "네!!!!!!!!!"

목사: "감사합니다."

웃음이 뒤 따른다.

- 유 명 국 목사

송파제일교회 2006. 10. 8.

 **'남존여비'의 뜻**

남자가 존재하기 위해

여자에게 비위를 맞추는 것

예수님의 죽음을 흉내 낸 수도원장

　　수도원장이 임종할 즈음에, 변호사와 회계사를 불러 달라고 했다. 변호사와 회계사가 왔는데 수도원장은 아무 말도 하지 않는다. 수도원장은 계속 말을 않더니 마지막에 "예수님도 죽으실 때 죄인 둘을 데리고 죽으시더라" 했다.

- 노상헌 목사 전언

2005. 5. 19.

김용서 수원 시장의 '용서'

어느 불교 집회에서 인사하라고 해서 마이크 앞에 섰다. 그런데 나는 비록 나이롱 기독교인이지만, 예수님을 믿기 때문에 불교의 용어나 관습을 잘 몰라서 그냥 제 이름이 '용서' 인 것처럼 용서해주세요 하고 마쳤더니 주최자가 인사를 잘했다고 하더라.

- 김용서 수원시장
합동신학대학원 경건회에서 간증 2006. 9. 29.

설교와 요리의 공통점

1. 원 재료가 좋아야 한다.
2. 배고플 때 먹어야 맛있다.
3. 만드는 기술이 중요하다.
4. 양념이 중요하다. 설교 예화
5. 담는 그릇에 따라 다르다. 설교 포스타를 부치면 잘 듣는다.

- 김남준 목사 증언
이탤리 음식점에서 2005. 7. 6.

한 투수와 고속도로 I-285

미국 동남부 중심 도시인 애틀랜타에 소속된 야구 구단인 브레이브스(Braves)가 있다. 그리고 애틀랜타에서 순환고속도로(Perimeter)라고 불리는 I-285 고속도로가 있다. I-285는 애틀랜타 외곽을 논스톱으로 돌 수 있는 고속도로이다. 그래서 I-285에 올라가면 어디에서 나갈 줄을 알아야 한다. 나가는 곳을 모르면 계속 돌 수밖에 없다. 그런데 브레이브스 구단에 페레즈(Pascual Perez)라는 공을 꽤 잘 던지는 투수가 있었다. 그는 영어를 잘 모르고 서반아어만 할 줄 알았다. 브레이브스의 경기가 있는 날 페레즈가 선발 투수로 공을 던지게 되어 있었다. 그런데 그가 구장으로 가기 위해 I-285에 올라갔는데 구장으로 나가는 진출구를 알지 못해 페레즈는 I-285

를 계속 돌고 있었다. 경기는 시작되었으나 페레즈는 나타나지 않았다. 그래서 브래이브스의 감독이 경찰에 알리고 방송에 알려서 결국 경찰이 그를 고속도로에서 찾아 남은 경기(Inning)를 던지게 하는 웃지 못 할 실화가 있다.

- David Lee 확인

애틀랜타 새교회 부목사 2005. 10. 5.

식당에서

부부 관계는 서로
  말이 없고,
  음식은 제일 싼 것을 먹고,
  계산은 부인이 한다.

하지만 불륜의 관계는 서로
  말이 많고,
  음식은 제일 비싼 것을 먹고,
  계산은 남자가 한다.

성경에서 키가 가장 작은 사람

그는 수아 사람 빌닷이다. 그 이유는 영어로 그의 키가 신발 높이 정도밖에 안되기 때문이다.

(욥 18:1; 25:1; 42:9 참조)

* The shortest person in the Bible

Who is the shortest person in the Bible?

He is Bildad the Shuhite, Job's friend because his height is only "shoe height."

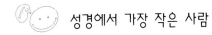 성경에서 가장 작은 사람

그는 베드로이다. 그 이유는 겟세마네 동산에서 예수
님께서 깨어 기도하실 때 베드로는 자고 있었다(마
26:36~46;막 14:32~42). 그런데 깨어 있을 때 깨어 있지
않고 자고 있었다는 영어 표현을 "He slept on his
watch."라고 한다. 그래서 이 표현을 베드로가 자기의
시계 위에서 자는 것으로 풍자하여 성경에서 가장 작은
사람이라고 말한다.

* The smallest Person in the Bible

Who is the smallest person in the Bible?
The answer is Peter, for he slept on his watch.

자기 덫에 걸린 농부의 꾀

　수박 밭을 가꾸는 농부가 있었다. 그는 별다른 문제 없이 농사를 지었지만, 한 가지 신경에 거슬리는 일이 있었다. 동네 아이들이 밤마다 와서는 수박 하나씩 서리를 해가는 것이었다. 농부는 생각 끝에 꾀를 내어 수박 밭에 팻말을 세웠다. 그 팻말에 "이 중 한 개의 수박에는 청산가리를 주사했음"이라고 써놓았다. 다음 날 농부가 수박을 세 보니 그대로였다. 농부는 기쁜 마음에 돌아가려다가 팻말 밑에 적힌 글을 보았다. 거기에 작은 글씨로 다음과 같이 적혀 있었다. "이제 두 개가 됐음."

- 임집사 전언

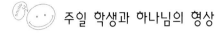 주일 학생과 하나님의 형상

주일학교에서 교사 선생님이 학생들에게 무엇이든지 그리라고 했다. 매리가 무엇인가 그리고 있었다. 그래서 선생이 "매리야, 너, 무엇을 그리고 있느냐?"라고 물었다. 매리가 대답하기를 "하나님을 그리고 있어요"라고 했다. 선생이 "매리야, 하나님이 어떤 모습인지를 아는 사람은 아무도 없다는 것 네가 알고 있지 않니?"라고 말했다. 그 말에 매리가 대답하기를 "조금만 있으면 그들이 알 거에요."라고 했다.

* Sunday school teacher and a student

In Sunday school, a teacher asked students to

draw something. Mary drew something, and teacher asked, Mary! what are you drawing? Mary said, "God." Teacher said, "Mary, you know no body knows what God looks like." Mary says, "They will in a minute."

- Joby Walker 전언

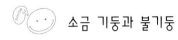 소금 기둥과 불기둥

롯의 아내는 소금 기둥이 되었어. 그것은 아무것도 아니야. 우리 어머니는 운전하시다가 (빛의 기둥이 되었어) 전신주를 들이 받았어.

* Sodom and Gomorah

Lot' s wife turned into a pillar of salt.

That is nothing!

My mom was driving and turned into a pillar of light.

99 88 234

99세까지 팔팔(88)하게 살다가 하나님이 부르시면
이틀이나 사흘 안에 사(死)하자(234).

- 이유환 목사

남서울은혜교회 수요 예배시

2006. 3. 29

배꼽티와 주일 예배

여자 청년이 배꼽티를 입고 주일 대예배에 참석하러 교회당에 왔다. 이를 본 장로님이 여자 청년을 한적한 곳으로 데리고 가서 "얘야 빨리 옷 갈아입고 오너라"고 권면했다. 그 말씀을 들은 여자 청년이 대답하기를 "아닙니다, 장로님! 하나님은 중심을 보시는 분이십니다."라고 했다.

웃음과 건강

한국인은 하루 8번 웃고 그 중 4회는 비웃음이다.

아이들은 하루에 300~600번 웃는다.

박수는 10초에 32번 하는 것이 좋다.

인간의 피부는 3개월 만에 모두 바뀐다. 예뻐지려면 3개월 동안 웃으면서 살면 된다.

손가락이 10개인 이유는 "어머님이 배 속에 있었던 10개월의 사랑을 잊지 말라"뜻이다.

방위를 가리켜 UDT(우리 동네 특공대)라 한다.

국보는 유일하면 국보다. 당신은 유일해서 국보다.

웃을 일이 있어야 웃는 것이 아니요 웃으면 웃을 일이 생긴다. 좋은 일이 있어야 웃는 것이 아니라 웃으면 좋은 일이 생긴다.

- 이요셉
한국웃음연구소 소장

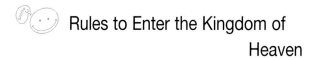 # Rules to Enter the Kingdom of Heaven

A minister dies and is waiting in line at the Pearly Gates. Ahead of him is a guy who's dressed in sunglasses, a loud shirt, leather jacket, and jeans.

Saint Peter addresses this guy. "Who are you, so that I may know whether or not to admit you to the kingdom of Heaven?"

The guy replies, "I'm Joe Cohen, taxi-driver, of Noo Yawk City."

Saint Peter consults his list. He smiles and says to the taxi-driver, "Take this silken robe and golden staff and enter the Kingdom of Heaven."

The taxi-driver goes into Heaven with his robe

and staff, and it's the minister's turn. He stands erect and booms out, "I am Joseph Snow, pastor of Saint Mary's for the last forty-three years."

"Saint Peter consults his list. He says to the minister, 'Take this cotton robe and wooden staff and enter the Kingdom of Heaven.'"

"Just a minute," says the minister. "That man was a taxi-driver and he gets a silken robe and golden staff. How can this be?"

"Up here, we work by results," says Saint Peter. "While you preached, people slept; while he drove, people prayed."

- author unknown

Sitting in the Front Row

While in college, I dated my future husband, who was preparing for the ministry. One Sunday morning I accompanied him to a nearby church where he was to preach. Anxious to make a good impression, I sat in the front row and remained its lone occupant. At the conclusion of the service, the song leader announced the final hymn, I stood and jointed the singing, but the song leader kept directing nervous glances toward me. During the second verse, this intensified to an unmistakable stare. Disconcerted, I began to check my dress for static cling. Finally the man smiled with resignation and said to the congregation, "For the last verse, why don' t we all stand?"

- Gail Nash Tunnell 제공

욕설 조견표

이것은 실제로 있었던 일이라고 한다. 서울에 와 있는 프랑스 신부가 하도 서울 살이가 불편해 차를 사서 몰고 다니게 됐다. 어느 날 이 신부의 옆자리에 타고 동행하던 수녀는 빨간불인데도 택시가 길을 건너가자 신부가 (1번)하고 말하는 것을 들었다. 신부는 조금 더 가다가 옆 차선에서 갑자기 밀고 들어온 승용차를 향해 (2번)하고 소리를 질렀다.

궁금해진 수녀가 "그게 무슨 소리냐"고 묻자 신부는 운전석 쪽의 문에 붙여둔 종이를 보여주었다. 거기에는 (1번-나쁜 놈, 2번-xxx, 3번-죽어라)라고 씌어 있었다. 차를 몰고 다니다보니 화나는 일이 많은데 상스럽게 욕을 할 수도 없고 해서 이런 '욕설 조견표'(早見表)를 붙이고 다니며 숫자로나마 욕을 하는 것이었다. 수녀는 고향말로 욕을 퍼부어도 속이 시원하지 않을 때가 많을 텐

데 외국어로, 그것도 숫자로 화를 풀어야 하는 신부의 고통을 알 것 같았다고 한다. 그로부터 얼마 뒤에는 교차로에서 신호를 위반한 채 쏜살같이 달려온 택시 때문에 하마터면 정면충돌할 뻔한 일이 생겼다. 너무 놀라 얼굴이 하얘진 신부는 "3 버언"하고 외쳤다. 그러자 옆에 있던 수녀가 "아녜요. 1번부터 3번까지 다예요"하고 소리쳤다는 것이다.

- 임철순

아이들의 순진함

    팔복전자 사장 강병선 장로 가정에서 있었던 일이다. 강 장로는 강혜영, 강나영, 강요한 세 자녀를 두었다. 그런데 혜영이와 요한이가 어렸을 때, 집의 욕조에서 목욕을 하다가 욕조가 너무 좁게 느껴져 더 넓은 곳에 수영장을 만들 생각을 하고 할머니 방에 물 대야를 넣고 거기서 물장난을 하며 방을 온통 버려 놓은 사건이 있었다. 여기서 우리는 어린 아이들의 순진함을 엿볼 수 있다.

- 편저자 전언

일거수일투족(一擧手一投足)

이 말은 "손을 한 번 드는 일과 발을 한 번 옮겨 놓는 일이라는 뜻이다"(동아새국어사전). 그런데 어느 목사님이 어떤 자리에서 '일거수' 까지는 말을 했는데 '일투족' 이 생각이 나지 않아 망설이다가 "일거다리"라고 말해서 모두 웃었다.

- 신복윤 목사 전언

중국인이 본 미국의 법정

한 중국인이 미국 법정의 재판을 묘사한다. 한 사람은 조용히 있고, 다른 사람이 항상 이야기하고, 열 두 사람의 현명한 사람들이 한 마디의 말도 하지 않은 사람(피고인)을 정죄한다.

* Justice

A Chinese description of American court trials: "One man is silent, another talks all the time, and 12 wise men condemn the man who has not said a word."

심리학자와 환자

심리학자: 내가 당신을 6개월 동안 치료했습니다. 이제 당신은 완전히 치유되었습니다. 당신은 더 이상 허황된 망상을 갖지 않을 것이오. 또한 당신이 나폴레옹이라는 생각을 하지 않을 것입니다.

환자: 그것 참 잘되었네요! 내가 빨리 집에 가서 조세핀(나폴레옹의 아내)에게 이 좋은 소식을 알려야 겠군요!

* Psychiatrist

Psychiatrist: I have treated you for six months and now you are cured. You will no longer have delusions of grandeur and imagine that you're Napoleon.

Patient: That's wonderful. I can hardly wait to go home and tell Josephine the good news.

목사 내보내는 지혜

L.A.의 한 감리교회 목사인 케네디(Gerald Kennedy) 목사는 마음에 안 드는 목사 추방 비법을 다음과 같이 제안했다.

마음에 안 드는 목사 추방 비법

1. 목사가 설교할 때 눈을 뚫어지게 바라본다. 그러면 목사는 설교를 더 잘하려고 열심히 노력하다 건강을 해쳐 쓰러질 것이다.

2. 자주 목사의 등을 두드리며 칭찬한다. 그러면 목사는 더욱 열심히 목회를 하다가 건강을 해쳐 죽게 될 것이다.

3. 목사에게 자주 좋은 음식을 사준다. 그러면 목사는 비만에 걸려 목회를 그만 둘 것이다.

4. 교회의 일을 열심히 도와야 한다. 그러면 목사는 너무 좋아 심장마비에 걸려 죽게 될 것이다.

5. 교회를 위해 열심히 기도해야 한다. 그러면 교회가 성장하여 큰 교회가 되고 목사는 피곤하여 쓰러지게 될 것이다.

- 안만길 목사 전언
임선재 목사 위임식 때 브니엘 교회
교우들에게 권면 2002. 11. 24.

평생 중 가장 무거운 때

사람이 한평생 동안 몸무게가 제일 무거울 때가 언제인가?

답: 그 때는 철이 들 때이다.

영어와 웃음

　영어의 철자는 불필요할 정도로 어렵다. George Bernard Shaw(1856~1950)의 다음 말은 웃음을 자아내게 한다. 영어 단어 "fish"가 "ghoti"로도 쓸 수 있다. "f"는 "enough"의 "gh"의 발음과 비슷하고, "i"는 "women"의 "o" 발음과 비슷하며, "sh"는 "nation"의 "ti" 발음과 비슷하다. 그래서 "ghoti"의 발음도 "fish"처럼 된다.

- George Bernard Shaw
Irish Playwright

비행기를 세운 황문영 목사

　　1992년도 중국 연길에서 황문영 목사 외 3명이 북경 가는 1시 30분 비행기를 타야 하는데, 공항에 1시 26분에 도착하였다. 그런데 공항에 사람들이 아무도 없었다. 그래서 아직 시간이 남았겠거니 하고 태연하게 기다리는데 비행기는 이륙하려고 활주로 시작점에 이미 가 있었다. 그래서 황문영 목사 일행이 공항 한국 안내원에게 부탁했더니 이륙 준비 중인 비행기를 세우고 황목사 일행을 트럭에 태워 활주로 시작점까지 가서 짐과 함께 비행기에 올라타니 모든 승객이 박수로 환영했다.

- 황문영 목사 증언
보스턴에서 2002. 7. 12.

 믿음, 소망, 사랑, 돈

"믿음 소망 사랑 돈 이 네 가지는 항상 있을 것인데
그 중에 제일은 돈이라."

But now abide faith, hope, love, money, these
four; but the greatest of these is money.

- 신영균 목사
왕성교회(길자연 목사) 부흥 사경회에서

구관조(九官鳥)

　어떤 사람이 구관조를 길렀다. 어느 날 한 여인이 좋은 옷을 사서 입고 으스대며 구관조 옆을 지나갔다. 그때 구관조가 그 여인에게 "좋은 옷만 입으면 얼굴도 예뻐지나"라고 비아냥 거렸다. 그 다음 날에도 같은 여인이 좋은 옷을 입고 구관조 옆을 지나가는데 구관조가 "좋은 옷만 입으면 얼굴도 예뻐지나"라고 또 비아냥 거렸다. 그 여인은 매우 기분이 나쁘고 화가 나서 구관조 주인에게 항의를 했다. 그래서 구관조 주인은 구관조를 매우 때려서 많은 상처를 입혔다. 다음 날 얼굴에 많은 상처를 입은 구관조를 보니 그 여인은 기분이 좋았다.

그런데 구관조가 그 여인에게 하는 말이 "말 안 해도 알지"라고 했다.

구는 구하십시오
관은 관조하십시오
조는 조급하지 마십시오.

"너, 나 알지"

임금님에게 강아지가 있었는데 이 강아지는 항상 끄덕끄덕만 할 줄 알지 고개를 좌우로 전혀 흔들지 못했다. 그래서 임금님은 전국에 영을 내려 강아지가 고개를 좌우로 흔들 수 있게 하면 큰 상금을 내리겠다고 알렸다. 수많은 사람이 노력했지만 강아지는 계속 끄덕끄덕만 할 뿐이었다. 그런데 한 농부가 임금님께 나아와 강아지의 고개를 좌우로 흔들게 하도록 만들겠다고 제안했다.

임금님의 허락이 떨어지자, 그 농부는 벽돌 하나를 집어 들고 강아지를 향해 힘껏 내리 쳤다. 그러자 강아지가 임금님 뒤로 숨었다. 농부가 강아지에게 "한 대 더 맞을래"라고 말하자 강아지는 설레설레 고개를 좌우로 흔들었다. 그런데 이제는 강아지가 고개를 좌우로만 흔들지 전혀 끄덕끄덕 하지 못하게 되었다.

다시 임금님이 강아지를 *끄덕끄덕*하게 만드는 사람에게 큰 상금을 주겠다고 공포했다. 그리고 벽돌로 강아지의 고개를 좌우로 흔들게 만든 농부는 큰 상금을 챙겨서 돌아갔다. 농부의 한마디 말은 임금님의 강아지에게 "너, 나 알지"였다.

어깨와 갓길

한 유학생이 캐나다에서 운전을 하다 교통법규를 위반했다. 캐나다 경찰이 다가와 차를 세우고 "Move to the shoulder." 라고 했는데 그 유학생의 귀에는 Move(움직이다)와 Shoulder(어깨)만 들렸다. 그래서 그 유학생은 어깨를 움직였다. 유학생이 차를 갓길에 세우지 않자 경찰이 "Hurry up."(빨리 하세요)이라고 말했다. 그러자 유학생이 어깨를 더 빨리 움직였다.

- 천성덕 목사님의 사모님 전언
벤쿠버 빌라델비아 교회
오영순 권사님 칠순 잔치에서 2004. 7. 31.

5부

재치의 이야기

Wit

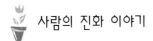 사람의 진화 이야기

19세기에 시작된 세 가지 위대한 세속적 신앙들은 다
원주의, 마르크스주의, 그리고 프로이드주의이다. 마르
크스주의는 신속하고 고통스럽게 죽었고, 프로이드주
의는 조용하게 흘러갔다. 그러나 다원주의만큼은 힘 있
게 진행되고 있다.

* Strength of Darwinism

Of the three great secular faiths born in the 19th
century Darwinism, Marxism and Freudianism-the

second died swiftly and painfully and the third is slipping peacefully away. But Darwinism goes from strength to strength.

- The Economist

December 24th 2005- January 6th 2006, p. 11.

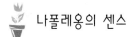 나폴레옹의 센스

나폴레옹은 1804~1815년까지 프랑스 황제로 집권했다. 그런데 1812년 나폴레옹은 무모하게 러시아 침공에 나섰다가 처참하게 실패하고 후퇴하는 신세가 되었다. 나폴레옹은 부하들과 헤어져 혼자 들을 헤매고 있었는데 러시아 군의 추격을 받고 있었다. 잡히면 프랑스 황제 나폴레옹 보나파르트(Napoleon Bonaparte, 1769~1821)는 러시아의 법정에서 사형 판결을 받을 판이었다. 마침 외딴 집이 눈에 띄어 나폴레옹은 그리로 달려갔다. 그 집은 유태인인 재단사 시몽의 집이었다. 시몽은 갑자기 뛰어든 화려한 옷차림의 사나이를 보고 깜짝 놀랐으나 그 사나이가 자기를 잠시만 숨겨 주면 사례는 얼마든지 하겠다고 호소하는 바람에 엉겁결에 옷장 속에 숨겨 주었다. 잠시 뒤 러시아 추격병들이 시몽의 집 문을 두드렸다. 집안에 들어온 병사들은 집안 여

기저기를 들쑤시며 시몽에게 어떤 수상한 사람 없느냐고 다그친다. 옷장 바로 앞에서 옷장을 툭툭 치면서 말할 땐 옷장 속의 나폴레옹은 오금이 오그라질 지경이었다. 다행히 시몽은 시치미를 떼고, 아무도 여기 들어온 사람이 없노라고 병사들을 눙쳐서 그들을 돌려보냈다.

러시아 병사들이 돌아간 뒤 옷장에서 나온 나폴레옹은 자신이 안전하다는 확신이 서자 황제의 위엄을 보이면서 시몽에게 말했다. "나는 프랑스의 황제다. 자네의 신세를 졌으니 자네에게 보답을 하고 싶다. 무엇이건 소원이 있으면 말하게."

그런데 시몽의 대답은 엉뚱했다. "아까 저 병사들이 폐하가 숨은 옷장을 툭툭 치면서 폐하를 찾을 때, 폐하께서는 어떤 생각을 하시고 어떤 기분이셨는지요?"

나폴레옹의 안색이 변했다. "그건 자네와 상관없는 일이야. 자, 다른 걸 말해 보게. 뭐든지 들어 준다니까."

"저는 그저 인간이 가장 위급한 순간에는 어떤 심리 상태가 되는지, 그게 궁금할 뿐입니다. 그걸 알고 싶은 게 제 소원이죠."

나폴레옹의 얼굴은 붉으락푸르락 칠면조처럼 변했다. 그 때 밖이 어수선하더니 프랑스 부대가 나폴레옹을 찾아왔다. "폐하! 여기 계셨군요. 괜찮으십니까?" "괜찮지 않다. 이 양복쟁이 놈을 체포해서 내일 아침 해 뜰 때 총살하라. 나를 모욕했다." 그제야 시몽이 파랗게 질려 "폐하! 폐하! 용서하십시오!"라고 울부짖었으나 나폴레옹은 이미 거기를 떠났고 병사들은 사정없이 시몽을 묶어서 끌고 가 투옥시켰다. 감옥에 갇힌 시몽은 밤새 죽음의 공포를 느껴야 했다.

다음날 아침이 되자 병사들이 와서 시몽을 끌어내었다. 이제 시몽은 처형당할 참이었다. 형장에 끌려온 시몽은 팔이 묶이고 눈이 가려진 채 벽에 기대 세워졌다. 앞에는 총살을 집행하는 병사들이 지휘관의 명령을 기다리고 있었다. 시몽은 입술이 까맣게 타고 그저 꿈같을 뿐이었다.

"차렷!" 지휘관이 명령하자 병사들은 한 줄로 늘어서서 총을 들었다.

"준비!"

"조준!"

"발사!"

"찰각."

시몽은 기절할 뻔했으나 총알은 발사되지 않았다. 빈 총이었던 것이다. 시몽이 어리둥절해 있자 지휘관이 다가와서 눈을 풀어 주고 밧줄을 풀어 주었다. 그리고 품에서 편지 한 장을 꺼내 시몽에게 주었다.

"황제 폐하의 명령이야."

시몽이 편지를 펴 보자 거기에는 이렇게 씌어 있었다.

"이제 내가 그 때 어떤 기분인지 알았지!"

나폴레옹은 시몽의 소원을 들어 준 것이다.

미국에 대한 한국인의 의식

한국에는 동맹 관계인 미국에 대해 8가지의 용어가 존재한다. 그것들은 1. 반미(미국을 반대), 2. 숭미(미국을 숭배), 3. 혐미(미국을 혐오), 4. 찬미(미국을 찬성), 5. 연미(미국과 연대), 6. 용미(미국을 이용), 7. 항미(미국에 저항), 8. 판미(미국을 비판) 등이다.

이 말은 미국 외교협회(CFR) 남미 담당 이사인 줄리아 스웨이그 씨가 『오발: Friendly Fire』이라는 저서에서 한 말이다.

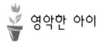 영악한 아이

유치원에 다니는 짱구가 머리를 깎으러 이발소에 갔다.

"아저씨, 이발하는데 얼마예요?"

"응, 오천 원."

"면도는 얼마예요?"

"이천 원, 그런데 이런 놈이 면도할 데가 어디 있다고?"

그러자 짱구가 웃으며 말했다.

"그럼, 제 머리 면도해 주세요!"

별 보기 힘든 서울 하늘

1. 공기가 오염되었기 때문에 별이 보이지 않는다.

2. 사람이 만든 불빛이 너무 밝기 때문에 하나님이 만든 별빛이 잘 보이지 않는다.

- 이유환 목사

송탄제일교회 2006년 성탄절 설교시

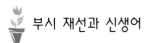 부시 재선과 신생어

Incivility 무례

Red States 공화당 지지 주

Blue States 민주당 지지 주

- 편저자 전언

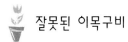 잘못된 이목구비

눈- 교만이라는 안경

귀- 의심이라는 수신기

태도- 체면 치르기라는 가면

입- 과장이라는 마이크

6부

정보의 이야기

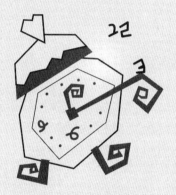

 # Where Are All the Men?

From "Church for Men," an interesting set of statistics about male church attendance. You may agree or disagree, but this is something to think about with reference to ministry. Read more at http://www. churchformen. com/ allmen.php.

The typical U.S. Congregation draws an adult crowd that is 61% female, 39% male. This gender gap shows up in all age categories. On any given Sunday there are 13 million more adult women than men in American churches. This Sunday almost 25 percent of married, churchgoing women will worship without their husbands. Midweek activities often draw 70 to 80 percent female participants. The majority of church employees are women (except for ordained clergy, who are overwhelmingly male).

As many as 90 percent of the boys who are being raised in church will abandon it by their 20th birthday. Many of these boys will never return. More than 90 percent of American men believe in God, and five out of six call themselves Christians. But only two out of six attend church on a given Sunday. The average man accepts the reality of Jesus Christ, but fails to see any value in going to church. It is not just a lack of presence; most of the men who do attend our worship services just aren't getting it. Every week the gospel bounces off their souls like bullets off Superman's chest.

Prices - 25 years ago today
(September 2005)

Gasoline	36cent a gallon
Median income	$8,750 a year
Median rent	$108 a month
Bacon	97cent a pound
Eggs	51cent a dozen
Bread	24cent a loaf
Milk	$1.14 a gallon
First class stamp	6cent
Harvard College tuition	$2,600 a year

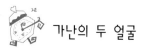 가난의 두 얼굴

1972~1991년까지 20년 동안 8,500명의 미국인 남녀를 평균 가구 소득 별로 사망 위험률을 조사했다. 최하위 소득 계층인 5등급의 사망 위험률은 최고 1등급에 비해 4배가 높았다. 부의 추이에 따라 '건강 스펙트럼'은 양극단을 그린다. 그래서 이런 농담이 생겼다. "가난이 당신을 비참하게 만든다는 것은 나쁜 소식이지만 그런 상태로 오래 살지 않아도 된다는 것은 좋은 소식이다."

- 마이클 마멋 저

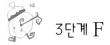

3단계 F

세계적 베스트셀러인 댄 브라운의 소설 『다빈치 코드』도 위조된 문서를 진짜로 믿고 쓴 것이라는 것이 저자의 분석이다.

"3단계 F" = 가짜(fake)- 위조(forgery)- 사기(fraud)

여자지만 남장하고 죽을 때까지 남자 군의관으로 산 제임스 배리 박사, 의사 신분으로 위장해 6 · 25 전쟁에 참전했다가 얼떨결에 한국군 세 명의 목숨을 살려 주고 명의로 이름을 날린 데마라.

- 브라이언 이니스

사회 계층과 자리 정하기

한 가정의 부부가 다른 가정의 부부를 픽업할 경우에,

Working class couple의 경우: 픽업하는 부부가 앞좌석에 앉고, 픽업 받는 손님 부부는 뒷좌석에 앉는다.

Middle Class couple의 경우: 두 가정의 남편이 앞좌석에 앉고, 두 가정의 아내가 뒷좌석에 앉는다.

Upper Class couple의 경우: 손님 가정의 아내가 앞좌석에 앉고, 초청하는 가정의 아내가 손님가정의 남편과 함께 뒷좌석에 앉는다.

The Republican couple: 초청하는 남편이 자신의 아내와 함께 앉는다.

The Democratic couple: 초청하는 남편이 초청 받는 가정의 아내와 함께 앉는다.

가장 뛰어난 골키퍼의 불안

　세계 축구 사상 가장 뛰어난 골키퍼는 옛 소련의 흑
표범 야신이다. 그는 42세까지 선수 생활을 하며 150번
도 넘게 페널티 킥을 막아낸 전설적 골키퍼이다. 그는
그렇게도 유능한 골키퍼였지만 경기에 임할 때 불안과
초조감에 시달렸다. 그는 늘 보드카 한 잔을 마시고 담
배 한 대를 피운 후에 경기에 나갔다고 한다.

미국 성공회의 첫 여성 주교 쇼리

그녀는 CNN과의 인터뷰에서 동성애가 죄가 되느냐는 질문에 "그렇게 생각하지 않는다. 신은 우리에게 서로 다른 재능을 부여했다고 본다. 일부는 같은 성의 사람들을 향하도록 명령된 애정을 갖고 이 세상에 왔으며, 일부는 다른 성의 사람을 향하도록 된 애정을 갖고 이 세상에 왔다"고 말했다. 쇼리 주교는 "이런 입장은 남성 간의 성관계를 혐오스런 것으로 표현한 성경 구절과 일치하지 않는 것 아니냐"는 질문에 대해서는 "성경은 여러 다른 질문들을 던진 사람들에 의해 아주 다른 역사적 문맥에서 쓰였다"고 답했다. 쇼리 주교는 2003년 동성애자인 진 로빈슨(Gene Robinson of New Hampshire)을 주교로 임명하는 데 찬성했다. 이와 같은 쇼리 주교의 신학적 입장은 미국 성공회의 신학적 흐름을 짐작할 수 있게 한다.

- 편저자 전언

# Bishop Katharine Jefferts Schori

For the first time, the 2.3 million-member Episcopal Church of the United States elected the bishop of the Diocese of Nevada, Katharine Jefferts Schori, 52 years old(2006) as the female leader of the organization. She supports gay marriage.

연꽃의 열 가지 특징

연꽃은 열 가지 특징을 갖고 있다. 이 열 가지 특징을 닮게 사는 사람을 연꽃처럼 아름답게 사는 사람이라고 한다.

1. 이제염오(離諸染汚): 연꽃은 진흙탕에서 자라지만 진흙에 물들지 않는다. 주변의 부조리와 환경에 물들지 않고 고고하게 자라서 아름답게 꽃피우는 사람을 연꽃같이 사는 사람이라고 한다. 이런 사람을 연꽃의 이제염오의 특성을 닮았다고 한다.

2. 불여악구(不與惡俱): 연꽃잎 위에는 한 방울의 오물도 머무르지 않는다. 물이 연 잎에 닿으면 그대로 굴러 떨어질 뿐이다. 물방울이 지나간 자리에 그 어떤 흔적도 남지 않는다. 이와 같아서 악과 거리가 먼 사람, 악

이 있는 환경에서도 결코 악에 물들지 않는 사람을 연꽃처럼 사는 사람이라고 한다. 이를 연꽃의 불어악구의 특성을 닮았다고 한다.

3. 계향충만(戒香充滿): 연꽃이 피면 물속의 시궁창 냄새는 사라지고 향기가 연못에 가득하다한 사람의 인간애가 사회를 훈훈하게 만들기도 한다. 이렇게 사는 사람은 연꽃처럼 사는 사람이라고 한다. 고결한 인품은 그윽한 향을 품어서 사회를 정화한다. 한 자락 촛불이 방의 어둠을 가시게 하듯 한 송이 연꽃은 진흙탕의 연못을 향기로 채운다. 이런 사람을 연꽃의 계향충만의 특성을 닮은 사람이라 한다.

4. 본체청정(本體淸淨): 연꽃은 어떤 곳에 있어도 푸르고 맑은 줄기와 잎을 유지한다. 바닥에 오물이 즐비해도 그 오물에 뿌리를 내린 연꽃의 줄기와 잎은 청정함을 잃지 않는다. 이와 같아서 항상 청정한 몸과 마음을 간직한 사람은 연꽃처럼 사는 사람이라고 한다. 이런

사람을 연꽃의 본체청정의 특성을 닮은 사람이라 한다.

5. 면상희이(面相喜怡): 연꽃의 모양은 둥글고 원만하여 보고 있으면 마음이 절로 온화해지고 즐거워진다. 얼굴이 원만하고 항상 웃음을 머금었으며 말은 부드럽고 인자한 사람은 옆에서 보아도 보는 이의 마음이 화평해진다. 이런 사람을 연꽃처럼 사는 사람이라고 한다. 이런 사람을 연꽃의 면상희이의 특성을 닮은 사람이라고 한다.

6. 유연불삽(柔軟不澁): 연꽃의 줄기는 부드럽고 유연하다. 그래서 좀처럼 바람이나 충격에도 부러지지 않는다. 이와 같이 생활이 유연하고 융통성이 있으면서도 자기를 지키고 사는 사람을 연꽃처럼 사는 사람이라고 한다. 이런 사람을 연꽃의 유연불삽의 특성을 닮은 사람이라고 한다.

7. 견자개길(見者皆吉): 연꽃을 꿈에 보면 길하다고

한다. 하물며 연꽃을 보거나 지니고 다니면 좋은 일이 아니 생기겠는가? 많은 사람에게 길한 일을 주고 사는 사람을 연꽃처럼 사는 사람이라고 한다. 이런 사람을 연꽃의 견자개길의 특성을 닮은 사람이라고 한다.

8. 개부구족(開敷具足): 연꽃은 피면 필히 열매를 맺는다. 사람도 마찬가지다. 꽃피운 만큼의 선행은 꼭 그만큼의 결과를 맺는다. 연꽃 열매처럼 좋은 씨앗을 맺는 사람을 연꽃처럼 사는 사람이라고 한다. 이런 사람을 연꽃의 개부구족의 특성을 닮은 사람이라 한다.

9. 성숙청정(成熟淸淨): 연꽃은 만개했을 때의 색깔이 곱기로 유명하다. 활짝 핀 연꽃을 보면 마음과 몸이 맑아지고 포근해짐을 느낀다. 사람도 연꽃처럼 활짝 핀 듯한 성숙감을 느낄 수 있는 인품의 소유자가 있다. 이런 분들과 대하면 은연중에 눈이 열리고 마음이 맑아진다. 이런 사람을 연꽃처럼 사는 사람이라고 한다. 이런 사람을 연꽃의 성숙청정의 특성을 닮은 사람이라 한다.

10. 생이유상(生已有想): 연꽃은 날 때부터 다르다. 넓은 잎에 긴 대, 굳이 꽃이 피어야 연꽃인지를 확인하는 것이 아니다. 연꽃은 싹부터 다른 꽃과 구별된다. 장미와 찔레는 꽃이 피어봐야 구별된다. 백합과 나리도 마찬가지다. 이와 같이 사람 중에 어느 누가 보아도 존경스럽고 기품 있는 사람이 있다. 옷을 남루하게 입고 있어도 그의 인격은 남루한 옷을 통해 보인다. 이런 사람을 연꽃같이 사는 사람이라고 한다. 이런 사람을 연꽃의 생이유상의 특성을 닮은 사람이라고 한다.

대통령 초상과 지폐의 수난

　화폐의 역사는 우리에게 흥미를 가져다준다. 이승만 초상의 위치는 처음엔 지폐의 왼쪽이었지만 1956년 발행된 500환권에선 가운데로 바뀌었다. 한국은행은 대통령의 위엄을 살리기 위해 얼굴을 지폐 한가운데 배치했다. 그런데 사람들이 지폐를 반으로 접다보니 얼굴에 금이 가고 대통령의 얼굴이 훼손되는 문제가 발생했다. 심지어 "독재자 이승만을 욕보이기 위해 일부러 가운데로 배치했다"는 얘기까지 떠돌았다. 화가 난 경무대는 즉시 도안을 바꾸라고 한국은행에 엄명을 내렸다. 이듬해 이승만 대통령의 초상은 지폐 오른쪽으로 옮겨갔다. 이런 변화를 통해 때가 어느 때인지를 실감하게 한다.

사랑을 속삭일 땐 상대방의 왼쪽에 서세요

사람의 뇌는 우뇌와 좌뇌로 이루어진다. 우뇌는 얼굴의 왼쪽을 관장하고 좌뇌는 얼굴의 오른쪽을 관장한다. 그런데 좌뇌는 지식과 정보 등을 관장하고 우뇌는 감정, 정서, 예술 등과 관련이 있다. 2007년 2월 7일에 미국 텍사스의 샘 휴스턴 주립대 연구진은 사랑의 밀어는 왼쪽 귀에 대고 속삭여야 더 효과를 발휘할 수 있다고 밝혔다. 이 대학 연구진은 100명에게 감성을 자극하는 말들을 녹음해 왼쪽 귀와 오른쪽 귀를 통해 들려주고 내용을 적도록 실험했다. 그런데 이 실험에서 오른쪽 귀로 밀어를 들은 경우 58명이 그 내용을 정확히 적어냈으나 왼쪽 귀로 들은 사람들은 70명이나 정확하게 적었다.

연구 책임자인 신경의학자 심 터우충 박사는 "왼쪽 귀가 감정을 조절하기 때문에 왼쪽 귀와 연결된 우뇌가 감정을 인식하는 일에 더 적합하기 때문이라고 설명했다."

- UPI 연합뉴스

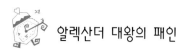

알렉산더 대왕의 패인

　군인도 많았고, 전략도 좋았고, 모든 것이 우월했지
만, 군인들이 많은 전리품을 몸에 휴대하고 다녀서 전쟁
에 졌다.

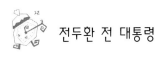 전두환 전 대통령

축재 혐의로 심리를 받고 있는 전 전대통령이 2003년 4월 서울지법 서부지원에서 열린 재산 명세 심리에서 자신의 "재산은 현금 29만 천원밖에 없다"라고 했다.

그 이후 많은 재산이 은닉되어 있는 것이 발각되었다.

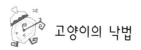 고양이의 낙법

　고양이는 아파트 7층 높이보다 낮은 곳에서 떨어질 경우 중상을 입을 가능성이 크다.

　그러나 32층에서 떨어질 경우 겁이 많은 고양이가 처음에는 당황하다가 초속 20m 정도로 떨어지면 공기의 저항을 받아 일정 속도로 떨어지게 된다. 이때부터 고양이는 제정신을 가다듬고 아래를 보면서 몸을 낙하산처럼 펼친다. 거의 땅에 다다르면 서서히 다리를 움추려 사뿐히 착지한다.

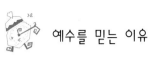 예수를 믿는 이유

구원과 영생을 위해 45.5%

마음의 평안을 위해 37.2%

가족의 권유로 7.6%

건강, 재물, 축복 받기 위해 7.1%

불교인 + 천주교인

마음의 평안 70% 이상

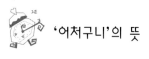 **'어처구니'의 뜻**

"어처구니없다"라는 말을 자주 쓴다. 그런데 그 "어처구니없다"라는 말은 맷돌의 손잡이가 없다는 뜻이다. 맷돌에 손잡이가 없으면 어찌되겠는가?

- 오건민 선생

박윤선 박사와 전 천년설

2006년 9월 22일 오전 8시에 팰리스 호텔(Palace Hotel)에서 미주 한인교회 총회장 전덕영 목사님은 "박윤선 목사님이 소천하시기 얼마 전 병상에서 자신이 역사적 천년기 전설(전 천년설)을 가르친 것은 잘못이었다"고 고백했다고 전했다. 확인된 바는 없지만 이것이 사실이라면 주목할 일이다.

- 전영덕 목사

승객 1명에 승무원 20명

필자가 미국 노스캐롤라이나 샬롯(Charlotte)에서 박
종순 박사(경제학)를 만났다. 박종순 박사는 대한민국
설립 후 인재가 많지 않은 시기인 1949년 이승만 박사를
도왔다. 그 때 박종순 청년은 24세로 연희전문 1학년에
재학 중이었다. 이승만 박사께서 그에게 20명을 모으면
미국에 보내 유학하도록 해주겠다고 했다. 그래서 박종
순 청년이 20명을 모았지만 모두 현직에 있어서 빨리 갈
수 없는 형편이었다. 곧바로 미국에 갈 수 있는 사람은
박종순 학생뿐이었다. 그래서 박종순 청년이 차일피일
미루고 있는데 이승만 박사가 미국 군용기에 명을 내려
박종순 청년 한 사람을 승객으로 태우고 승무원 20여 명
이 수고하는 미국 군용기로 미국에 오게 되었다고 한
다. 그 후 박종순 학생은 미네소타의 칼톤 대학(Carlton
College)에서 공부하고 후에 네브라스카(Nebraska)에서

도 공부했다. 박종순 박사는 매릴랜드(Maryland) 대학
교의 교수로 계시다가 은퇴하여 지금은 샬롯에서 여생
을 보내고 계신다. 승객 1명에 승무원 20명이 봉사하는
비행기는 역사상 박종순 박사가 탄 비행기 외에 없을 것
이다.

- 편저자가 박종순 박사에게
직접 전해 들음 2005

2005년 11월 1일 통계청 발표

종교별 신도 수

불교: 1027만 6000명(22.8%)

개신교: 861만 6000명(18.3%)

천주교: 514만 6000명(10.9%)

10년 동안 신도 수 증감

천주교: 219만 5000명 증가

불교: 40만 5000명 증가

개신교: 14만 4000명 감소

 Golf의 뜻

G-Green

O-Ozone

L-Light

F-Foot

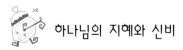 하나님의 지혜와 신비

한 사람의 핏줄을 전부 연결하면 지구 두 바퀴를 돌 수 있다. 그런데 피가 사람의 몸을 한 바퀴 도는 데는 46 초밖에 걸리는 않는다.

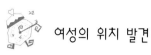

여성의 위치 발견

19세기는 여성의 위치를 발견하고
20세기는 어린이의 귀중성을 발견하고
21세기는 노인의 위치를 발견한 시대이다.

- 박병식 목사

주일오전 설교 중에서 2006. 5. 7

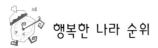 행복한 나라 순위

UN 조사에 따르면 세상에서 가장 가난한 나라들이 행복한 나라 순위의 1, 2, 3등을 했다.

1. 방글라데시
2. 나이제리아
3. 아제르바이잔

이유를 물은 즉 "그냥" 행복하다는 것이다. 그들은 자기들 이외의 세상밖에 모르고 비교할 대상도 없었기 때문이다. 행복한 사람이 웃는 것이 아니라 웃는 사람이 행복하다.

 방귀의 위력

　방귀를 1년 7개월을 모으면 하나의 원자폭탄의 위력
이 있다.(실제)

암 유발 아홉 가지 요인

1. 흡연

2. 비만

3. 음주

4. 운동부족

5. 과일 채소 섭취 부족

6. 문란한 성생활

7. 대기 오염

8. 실내 공기 오염

9. 오염된 의료장비 사용

하루에 웃는 횟수

한국인 하루 8회 웃는데 그 중 4회는 비웃음이다.

유아기에는 하루 300번을 웃지만 어른이 되면 하루에 8번 밖에 웃지 않는다. 얼굴의 근육 운동은 찡그릴 때 64개가 움직이고, 웃을 때는 13개가 움직인다. 자주 웃는 얼굴에는 주름살이 적다.

- 이요셉
웃음치유연구소 소장

 웃음과 건강

　　하루에 15초 웃으면 이틀을 더 살고 하루 45초 웃으면 고혈압이나 스트레스를 물리치고 환자가 10분간 통쾌하게 웃으면 두 시간 동안 고통 없이 편안히 잘 수 있다.

8분에 한 번씩 거짓말

"사람은 8분에 한 번씩 거짓말을 한다"고 영국의 선데이 텔레그라프가 미국 남가주대의 한 정신과 의사가 작성한 연구 보고서를 인용, 보도했다. "결국 사람은 평균적으로는 하루에 2백번 가까이 거짓말을 하는 셈이 된다"고 전한 이 신문은 "이 대학 연구진이 모두 20명의 실험 대상자들에게 소형 마이크를 부착해 연구한 결과 이 같은 결론에 도달했다"고 전했다.

당연히 사람들과 만날 기회가 많거나 남들에게 이것저것 부탁을 해야만 하는 직업을 가진 사람들일수록 능숙한 거짓말쟁이일 수밖에 없다. 상점의 판매 사원, 환자를 맞이하는 병원 접수대 직원, 정치가, 언론인, 변호사, 세일즈맨, 정신과 의사 등이 "거짓말쟁이"에 속한다고 한다.

이번 조사를 실시한 정신과 의사 제럴드 젤리슨은

"우리는 일상적으로 작은 거짓말을 자주 하고 있다"며 "그래도 거짓말은 거짓말"이라고 말했다. 젤리슨 박사는 예로 "방해하기는 싫지만……," "차가 막혀서 늦었어요." 등을 들었다. 그가 내린 결론은 사회가 제대로 돌아가기 위해서는 거짓말이 필수라는 점. 젤리슨 박사는 "갑자기 모두다 진실만을 말한다면 정말 끔찍한 일이 될 것"이라면서 "진실만을 말하는 사람은 사회 전복을 노리는 자"라고 우스갯소리로 말하기도 했다.

- 조선일보 1997. 4. 7.

 태양의 정지

　성경의 기록이 전자계산기에 의해 입증된 놀라운 사실이 있다. 메릴랜드 주 볼티모어 시에 있는 커티스 기계회사 사장이며 우주 계획 고문인 해롤드 힐(Harold Hill)씨는 다음과 같은 사실을 밝혔다.

　"하나님께서 메릴랜드 주의 그린벨트에서 연구하고 있는 우리 회사 우주 관계 과학자들에게 놀라운 사실을 알게 하여 주셨다. 그들은 날마다 전자계산기 앞에서 지금부터 10만 년 전까지 소급하여 올라가면서 그 사이의 태양과 달의 궤도 진행을 살폈다. 인공위성이 가는 궤도상에 어떤 일이 일어날지 모르기 때문에 태양과 달의 궤도를 자세히 알지 못하면 인공위성을 발사할 수 없기 때문이었다. 따라서 태양 및 달과 그 주변의 혹성들의 궤도 조사가 끝나야만 우리가 발사할 인공위성의 궤도를 작성할 수 있게 된다.

그런데 이 조사를 하던 중에 갑자기 기계가 정지해 버렸다. 전자계산기의 동작이 정지되고 적신호가 켜졌다. 모든 기사들은 긴장되었다. 그것은 전자계산기에 제공한 정보에 이상이 있든지 기계에 이상이 생겼다는 신호였다. 과학자들은 곧 기계 기사를 불러서 조사를 의뢰하였다. 그 결과 기계에는 아무 이상이 없는 것으로 판명되었다.

우주 과학자들은 전자계산기가 지시하는 적신호의 원인을 다시금 면밀히 조사했다. 결국 그 궤도 진행상에 '꼭 하루가 없어졌다' 는 사실이 판명되었다. 하루가 없어진 채로 궤도가 진행되어도 별 문제가 없다는 것을 알기는 하였으나 그 '하루' 즉 '24시간' 이 어디로 가버렸는가 하는 것이 문제였다. 아무리 계산해 보아도 하루가 모자라는 것이었다. 과학자들의 머리로는 도저히 알 길이 없었다.

며칠 후 교회에 다닌 일이 있는 청년이 일어나 "여러분들 제가 어렸을 때에 교회에 다니면서 들은 이야기인데 옛날 여호수아 때에 태양이 하루 동안 정지하고 있었다는 이야기를 들었습니다"라고 말 했다. 처음에는 모두 웃어 넘겼다. 그러나 다른 도리가 없었다. 한 노련한 과학자가 "자 우리가 이대로 앉아만 있을 것이 아니라 성경책을 가져다 자세히 조사하여 그 시대의 궤도를 전자계산기로 조사해 봅시다"라고 말했다.

그들은 여호수아 10장 12~14절에서 "태양이 중천에 머물러서 거의 종일토록 속히 내려가지 아니하였다"는 내용을 찾아내었다. 여호수아를 대장으로 한 이스라엘 민족과 아모리 족속들과의 싸움은 치열했다. 날이 어두워지면 여호수아가 이끄는 군사에게는 매우 불리한 싸움이었으므로 그는 하나님께 기도하면서 "태양아 너는 기브온 위에 머무르라 달아 너도 아얄론 골짜기에 그리 할지어다"라고 외쳤다. 정말 여호수아의 기도대로 해와 달이 그 자리에 머물러 서서 거의 하루 동안 진행하지 않았다.

우주과학자들이 잃어버린 하루를 찾기 위해 전자계산기를 그 당시로 돌려 여호수아 시대의 궤도를 조사한 결과 23시간 20분 동안 궤도가 정지했었다는 답을 얻게 되었다. 성경에 "거의 종일토록"이라고 했으니 23시간 20분이라는 계산은 정확한 것이기는 했으나 아직도 40분의 행방을 알 길이 없었다.

그 때 바로 그 청년이 다시 말했다. "내가 기억하기로는 성경 어딘가에 태양이 뒤로 물러갔다는 말씀이 있습니다."

우주과학자들은 곧 성경에서 열왕기하 20장 8~10절의 히스기야에 관한 이야기를 찾아냈다. 거기에는 태양의 그림자가 10도 뒤로 물러났다는 내용이 기록되었는데 그 10도를 시간으로 계산하면 40분(시간×60분/시간×10도/360도 = 40분)에 해당된다. 그리하여 잃어버린 24시간의 행방을 찾아낼 수 있게 되었다.

놀라운 일이 아닐 수 없다. 성경의 기록을 신화처럼 여기던 과학자들에게 하나님께서 친히 증거하신 것이 아닌가!

"여호와께서 아모리 사람을 이스라엘 자손에게 붙이시던 날에 여호수아가 여호와께 고하되 이스라엘 목전에서 가로되 태양아 너는 기브온 위에 머무르라 달아 너도 아얄론 골짜기에 그리할지이다 하매"(여호수아 10장

12~14절)

　"히스기야가 이사야에게 이르되 여호와께서 나를 낫게 하시고 삼일 만에 여호와의 전에 올라가게 하실 무슨 징조가 있나이까 이사야가 가로되 여호와의 말씀을 응하게 하실 일에 대하여 여호와께로서 왕에게 한 징조가 임하리이다 해 그림자가 십도를 나아갈 것이니이까 혹 십도를 물러갈 것이니이까 히스기야가 대답하되 그림자가 십도를 나아가는 것이 쉬우니 그리할 것이 아니라 십도가 물러갈 것이니이다"(열왕기하 20장 8~10절)

* The Missing Day in Time

　Mr. Harold Hill, president of the Curtis Engine Company in Baltimore, Maryland, and a consultant in the space program, relates the following development;

　"I think one of the most amazing things that God has for us today happened to our astronauts and space scientists at Green Belt, Maryland. They were checking the position of the sun, moon and planets out in space, where they would be 100 years from now. We have to know this so we don't sent a satellite up and have it bump into something later on one of its orbits. We have to lay out the orbit in terms of the life on the satellite, and where the planets will be so the whole thing will not bog down!

They ran the computer measurement back and forth over the centuries and it came to a halt. The computer stopped and put up a red signal which meant that there was something wrong either with the information fed into it or with the results as compared to the standards. They called in the service department to check it out and they said, "What's wrong?" "Well we have found there is a day missing in space in elapsed time. They scratched their heads and tore their hair. There was no answer!

One religious fellow on the team said, "You

know, one time I was in Sunday School and they talked about the sun standing still." They didn't believe him, but they didn't have any other answer so they said, "Show us." So he got a Bible and went back to the book of Joshua where they found a pretty ridiculous statement for anybody who has "common sense." There they found the Lord saying to Joshua, "Fear them not, I have delivered them into thy hand: There shall not a man of them stand before thee." Joshua was concerned because he was surrounded by the enemy and if darkness fell they could overpower them.

So Joshua asked the Lord to make the sun stand still! That's right! The sun stood still and moon stayed...and hasted not to go down about a whole day! The space men said, "There is the missing day!" Well, they checked the computers going back into the time it was written and found it was close but not close enough. The elapsed time that was missing back in Joshua's day was 23 hours and 20 minutes--not a whole day. They read the Bible and it said "About (approximately) a day."

These little words in the Bible are important. But they were still in trouble because if you cannot account for 40 minute you will be in trouble 100 years from now. Forty minutes had to be found because it can be multiplied many times over in orbits.

Well this religious fellow also remembered some-where in the Bible where it said the sun went back-wards. The space men told him he was out of his mind. But they got out the Book, and read these words in II Kings chapter 20. Hezekiah, on his death-bed, was visited by the prophet Isaiah, who told him that he was not going to die. Hezekiah did not believe him and asked for a sign of proof. Isaiah said, "Do you want the sun to go ahead ten degrees?" Hezekiah said, "It's nothing for the sun to go ahead ten degrees, but let the shadow return backward ten degrees." Isaiah spoke to the Lord and the Lord brought the shadow ten degrees backward! Ten degrees are exactly 40 minutes! 23 hours and 20 minutes in Joshua, plus 40 minutes in II Kings make the missing 24 hours the space travelers had to log in the log book as being the missing day in the universe. Isn't that amazing? The article dealing with the "missing day" is but a reminder that the information contained in the sacred scriptures is reliable. It is more than strange that the "wise men" of the world have rejected the simple statement of historical truth because it is in the Bible, while the faithful child of God has for centuries believed it because it is in the Bible.

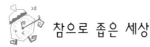 참으로 좁은 세상

1995년 10월 13일 나는 밥 해밀턴을 만났다. 그는 한
국교회 초창기에 평양에서 선교 활동을 한 플로이드 해
밀턴의 아들이었다.

(I met Bob Hamilton, the son of Floyd Hamilton
who was a missionary to Pyeongyang, North
Korea).

그리고 같은 장소에서 나는 인디아나 블루밍턴에서
온 존 피플스를 만났는데 그는 내 제자인 김영철 교수와
함께 세인트루이스에 소재한 카버넌트 신학교에서 같
이 공부한 사이였다. 얼마나 좁은 세상인가!

(I also met John Peoples in Bloomington, IN,
who was a friend of prof. Yung-Chul Kim. What a
small world!).

- 편저자 전언

골프 여왕, 박세리

US 오픈 골프 우승 / 메이저 대회 2회 우승

골프채 한 번 휘두르면 165달러(약 22만원), 하루 평균 3,325달러(약 430만원), 받은 상금 7억, 광고 수입 20억만 해도 돈방석에 앉았다.

아버지의 고된 훈련에 울기도 많이 하고 매도 많이 맞았다. 담력을 키우기 위해 공동묘지에서 밤을 새우기도 하고, 정신 집중을 위해 10층 아파트 계단을 뒷걸음으로 내려가고, 20Km 떨어진 골프장을 매일 걸어서 다니고, 버디 퍼팅의 정확도를 높이기 위해 아파트에서 밤새 연습하다 아래층에서 권총을 들고 올라온 소동도 있었다.

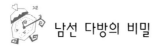 남선 다방의 비밀

남대문과 시청 사이에 남선 다방이 있었다. 이 사건은 1966년도에 발생한 흐뭇한 이야기이다. 그 당시 신복윤 목사님은 남산 공원 내에 위치한 장로회 신학교 (후에 총회신학교)에서 가르치고 계셨다. 휴식 공간이 별로 없던 때여서 신복윤 목사님은 학생들(림택권 목사님 포함)과 가끔씩 남선 다방을 찾곤 했다. 그런데 1966년도에 신복윤 목사님이 미국으로 유학을 떠나게 되었다. 하루는 남선 다방 마담께서 신 목사님의 유학 가시는 것을 축하하기 위해 다방 문을 완전히 닫고 시간을 내서 축하해 주셨다. 신 목사님은 그렇게 흔하지 않은 특별한 축하를 받고 유학의 장도에 올랐다.

- 림택권 목사 전언

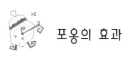 포옹의 효과

포옹은 지체의 한 부분을 떼어 낼 필요도 없고,

포옹은 주기적으로 검진 받아야 할 필요도 없고,

포옹은 매달 불입금을 납입할 필요도 없고,

포옹은 생명 보험을 들 필요도 없고, 포옹은 도둑맞을
　위험이 전혀 없으며,

포옹은 에너지를 적게 소모하며, 포옹은 많은 에너지를
　생산할 수 있고,

포옹은 인플레이션 될 염려가 전혀 없고,

포옹은 세금을 낼 필요도 없고,

포옹은 완전한 보상을 받게 된다.

포옹은 건강한 것이며,

포옹은 긴장을 완화시키며, 우울하게 되지 않도록 하며,
　스트레스를 감소시킨다.

포옹은 혈액 순환을 촉진시키며, 사람의 생기를 돌게 만

들며, 소생시키는 역할을 한다.

포옹은 자부심을 고양시키며, 선한 마음을 갖게 하고,

기분 나쁘게 하는 부작용이 전혀 없다.

포옹은 이적적인 약품임에 틀림없다.

* Hugging-The Perfect Cure For What Ails You

Hugging needs no movable parts.

Hugging needs no batteries to wear out.

Hugging needs no periodic checkups.

Hugging needs no monthly payments.

Hugging needs no insurance requirements.

Hugging is law energy consumption.

Hugging is high energy yield.

Hugging is inflation-proof.

Hugging is theft-proof.

Hugging is non-taxable.

Hugging is non-polluting.

Hugging is fully returnable.

Hugging is healthy.

Hugging relieves tension.

Hugging combats depression.

Hugging reduces depression.

Hugging improves blood circulation.

Hugging is invigorating.

Hugging is rejuvenation.

Hugging elevates self-esteem.

Hugging generates goodwill.

Hugging has no unpleasant side effects.

Hugging is nothing less than a miracle drug.

- submitted by Eilean Perry

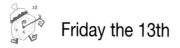 Friday the 13th

Every year has at least one dreaded Friday the 13th, and 1995 has two - the last of which is this month(October). Now we know that dictionaries define superstitions (such as the anxiety created by Friday the 13th) as irrational, but we thought you might find a few of the following coincidences interesting. So search for a four-leaf clover, grab hold of a rabbit's foot and keep your fingers crossed as you read about the origins of the ill-fated Friday the 13th.

Most Friday phobias originate with Christianity. Some traditions hold that Adam and Eve fell from grace on a Friday, the Great Flood began on a Friday, the Temple of Solomon fell on a Friday, and Christ was crucified on a Friday.

The day also brings anxiety to sailors and to those familiar with the story of Captain Friday and his ship, the H.M.S. Friday. The captain insisted that the ship's construction start on a Friday and that his voyage begin on a Friday, as well. The ship and its captain were never seen or heard from again.

Friday has been called "Hangman's Day" because executions often occurred then, and if a person were sentenced on a Friday, the penalty was said to be stiffer.

The number 13 also has some of its unlucky roots in Christian tradition, since that number feasted at the Last Supper. A story from Norse mythology reinforces the number's unluckiness. In it, twelve gods were gathered at a feast when the god of mischief, Loki, entered and killed one of them.

Futhermore, the Romans regarded the number

13 as a sign of destruction in their numerological fortune-telling, and in the days of witch hunts, many believed that 12 witches were necessary for a meeting - the Devil himself made 13. By the way, they always held their meetings on Fridays.

 1초의 중요성

2003 서울동아국제마라톤(3월 16일)에서 '차세대 에이스' 지영준(코오롱)이 1초 차이로 우승을 놓쳤다.

지영준은 16일 오전 8시 광화문을 떠나 잠실경기장에 이르는 대회 남자부 42.195km 코스에서 거트 타이스(남아공)와 막판까지 치열한 선두 경합을 벌였지만 2시간8분43초를 기록해 타이스(2시간8분42초)에 이어 준우승을 차지했다.

지영준은 결승점인 잠실경기장에는 타이스에 한발 앞서 들어왔지만 결승선을 150m 앞두고 역전을 허용했다.

- 편저자

한국교회와 하나님의 방문

한 사람의 여행자가 유럽을 방문한 후 교회에 대한 자신의 느낌을 적어 놓았다. 그가 발견한 것은 예수님께서 오래 전에 유럽에 있는 교회들을 지나쳐 가셨다는 것이고, 그가 미국을 방문했을 때는 예수님께서 얼마 전에 미국 교회들을 지나 가셨다는 것이며, 그가 한국을 방문했을 때는 예수님께서 지금 한국 교회를 방문 중에 계시다는 것이었다.

- 편저자 옮김

✳ God' s view of the Korean Church

A tourist has written down his feeling on the churches when he visited Europe. He found out that Jesus passed through the churches in Europe long time ago; when he visited the churches in the United States, he found out that Jesus passed through the churches not long ago; when he visited Korea, he found out that Jesus just visited here.

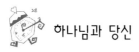 하나님과 당신

1. 당신은 하나님의 보시는 것처럼 세상을 보고 계십니까?

2. 당신은 하나님이 뜻하시는 것처럼 신실하게 생각하고 계십니까?

3. 당신은 하나님이 그의 목적을 이루시기 위하여 당신을 사용하시기를 원하고 또 사용하실 수 있다는 것을 알고 계십니까?

* God and you

1. Have you seen the world as God sees it?

    (Acts 7:30)

2. Have you sincerely thought about God's will?

    (Matt 25:)

3. Have you ever realized that God wants to and
   can use you for His purpose?

    (Acts 7:34)

- 편저자

원정 도박과 한국 졸부들

미국 라스베이거스 카지노에서 도박하다 빚진 한국인 기업인 및 연예인 등에게 도박 빚을 받기 위해 입국했다가 외국환 관리법 위반 혐의로 구속됐던 한국계 미국인 로라 최(44세)씨가 최근 미국 워싱턴 포스트 지와 인터뷰를 통해 한국인의 실태를 밝혔다.

로라 최씨는 인터뷰에서 "돈을 펑펑 써대 '고래'라고 불리는 한국인 고객은 바카라 게임에 한 번에 10만 달러를 걸기도 했다. 한 명은 3일간 700만 달러(84억 원)를 잃기도 했다." 바카라 게임에는 1,000달러만 걸어도 큰손으로 불린다. 그녀가 소지한 문서에 따르면 한국인 도박꾼들의 평균 한 판에 거는 돈은 1만 8322달러였으며, 평균 도박 시간은 33시간 33분인 것으로 나타났다.

그녀는 "한국인은 거의 먹지도 자지도 않고, 물을 마

시지 않으면서 바카라 도박에만 열중했다"고 털어 놓았다.

최씨는 그녀가 일했던 라스베이거스 미라주 호텔 카지노는 한국 고객들에게 무료 항공권 및 초호화 호텔 룸의 숙식 제공으로 유혹했다고 설명했다. 이런 이유로 연봉 8만 달러에 보너스로 10만 달러 이상을 받기도 했다.

최씨는 한국계 큰손들에게 도박 자금을 꿔주고 한국에 입국, 수금을 하곤 했는데, 한번은 한 고객의 직원이 50만 달러어치의 여행자 수표를 가지고 비행기 안으로 들어와 도박 빚을 갚기도 했다고 말했다. 그러나 대부분은 친구나 그녀 이름으로 도박 빚을 갚았다. 최씨는 지난 97년 7월 도박 빚을 받기 위해 서울에 들어왔다가 체포되어 79일간의 구속 끝에 97년 10월 집행유예 2년의 실형을 선고 받고 풀려났다. 미국으로 돌아간 뒤 미라주 호텔에서 불량 직원이라는 이유로 해임됐고 50만 달러를 횡령한 혐의로 고소까지 당한 상태이다.

- 조선일보 1999. 7. 13.

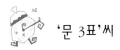 '문 3표'씨

한나라당 박혁규(朴赫圭) 후보가 민주당 문학진(文學振) 후보를 단 세 표 차이로 누르고 제 16대 국회의원에 당선됐던 경기도 광주 선거구에 대한 재검표가 2000년 6월 5일 오후 2시 수원지법 성남지원에서 열린다.

문 후보에게 '문세표'라는 별명을 안겨준 광주 선거는 이번 총선 이후 진행되고 있는 재검표 중 세 번째. 1일 재검표를 한 경북 봉화, 울진(1, 2위 간 표차 19표)에선 3표, 2일 충북 청원(1, 2위 간 표차 16표)에선 1표만의 이동으로 당락이 뒤집히지 않았다. 그러나 광주는 표 차이가 워낙 적어 결과를 예측키 힘들다. 한나라당 측은 "이번 재검표가 사실상의 마지막 재검표"라면서 긴장감을 늦추지 않고 있고, 재검표 지역 중 적어도 한두 곳은 뒤바뀔 것이라고 장담해온 민주당은 이곳에 가장 큰 기대를 걸고 있다.

한편 재검표 결과, 표수가 같을 경우엔 연장자 당선
원칙에 따라 박 후보의 당선이 확정된다. 박 후보는 54
년 9월생으로 문 후보보다 1개월 연상이다. 따라서 승
부가 뒤바뀌려면 재검표에서 문 후보가 4표 이상을 더
얻어야 한다.

하나님이 가라사대, "힘내라, 힘내"

초판1쇄발행 2008년 1월 21일

지은이 | 박형용
펴낸이 | 오광석
펴낸곳 | 도서출판 좋은미래(등록 제40호)
주 소 | 경기도 안산시 고잔동 506-9
전 화 | (031)405-0042~4
팩 스 | (031)484-0753

ISBN 89-951737-7-0-03230

정가 11,500원